现代增值税制度：
中国银行业“营改增”与外资进入效应

XIANDAI ZENGZHISHUI ZHIDU：

ZHONGGUO YINHANGYE “YINGGAIZENG” YU WAIZI JINRU XIAOYING

郑少华 著

中国财经出版传媒集团
中国财政经济出版社

图书在版编目（CIP）数据

现代增值税制度：中国银行业“营改增”与外资进入效应／郑少华著. --北京：中国财政经济出版社，2023.6

ISBN 978-7-5223-2220-9

Ⅰ. ①现… Ⅱ. ①郑… Ⅲ. ①银行业-增值税-税收制度-研究-中国 Ⅳ. ①F812.422

中国国家版本馆 CIP 数据核字（2023）第 094338 号

责任编辑：胡　懿　　　　责任校对：胡永立
封面设计：卜建辰　　　　责任印制：党　辉

现代增值税制度：中国银行业“营改增”与外资进入效应

中国财政经济出版社 出版

URL：http://www.cfeph.cn

E-mail：cfeph@cfeph.cn

社址：北京市海淀区阜成路甲 28 号　邮政编码：100142

营销中心电话：010-88191522　编辑部电话：010-88190957

天猫网店：中国财政经济出版社旗舰店

网址：https://zgczjjcbs.tmall.com

北京财经印刷厂印刷　各地新华书店经销

成品尺寸：170mm×240mm　16 开　14.75 印张　200 000 字

2023 年 6 月第 1 版　2023 年 6 月北京第 1 次印刷

定价：66.00 元

ISBN 978-7-5223-2220-9

（图书出现印装问题，本社负责调换，电话：010-88190548）

本社质量投诉电话：010-88190744

打击盗版举报热线：010-88191661　QQ：2242791300

前 言

20世纪80年代开始，新兴国家和地区进行金融体系改革，并逐渐取代发达国家成为境外资本投资的主场。在这一背景下，外资大举进入银行市场，并成为银行市场的重要组成部分。在金融全球化浪潮的推动下，我国银行业于20世纪70年代末开始对外开放。经过多年的发展，我国银行业外资的进入方式由最初以绿地建设为主（以下简称绿地进入），转变为绿地建设方式和非绿地建设方式（以下简称非绿地进入）共同发展，对外开放程度不断加深。从外资绿地进入的角度看，绿地进入的机构数量迅速增加，2021年末，共有来自51个国家和地区的银行在华设立机构，全球有六个大洲均有银行在华设立营业性机构，在华外资银行资产总额3.79万亿元[①]。资料显示，2021年底，中国银行市场由改革开放前的4家外资银行，发展到41家外商独资银行、117家母行直属分行、341家外商独资银行直属分行、135家代表处，共有929家营业性机构[②]；外资绿地进入的地域范围不断延伸，由早期集中于上海、深圳、厦门、北京等开放城市，扩大到全国范围；绿地进入的业务范围不断扩大，由外币业务扩大到本币业务，由外国居民业务扩大到本国居民

① 资料来源：中国银行业协会外资银行工作委员会．外资银行在华发展研究报告2021［R］．北京：中国银行业协会，2022.

② 资料来源：中国银行业协会外资银行工作委员会．外资银行在华发展研究报告2021［R］．北京：中国银行业协会，2022.

业务。从外资非绿地进入的角度看，2003 年在鼓励外资金融机构以战略投资者或股权投资者参股内资银行的背景下，外资非绿地进入热情高涨。多年来，非绿地进入方式的外资主体不断多元化，既有花旗银行、渣打银行等知名的大型综合性银行和商业银行的参与，又有投资银行、美国运通和基金公司等非银行类的金融公司；不仅有来自与我国文化相近的新加坡、韩国等的亚洲金融机构，还有来自西方发达国家的银行和机构。

从目前情况来看，内资银行的整体面貌已发生巨大变化，不良贷款率大幅下降、技术效率、业务结构明显好转，银行的综合竞争力显著提高。然而，中国银行业自开始改革以来始终是焦点，银行业的对外开放也不例外。一方面，改革者期望外资的进入能够带来竞争活力、先进的技术和管理理念，以提升中国银行业的国际竞争力；另一方面，部分学者对此提出质疑，特别是 2008 年的金融危机之后，境外战略投资者接连抛售几年前以战略投资者身份低价购入的内资银行股份。因此，近年来该领域的研究经历了多年的“消沉期”，学者们转而更多地关注金融市场稳定性、银行风险等问题。

2017 年 10 月，中国共产党第十九次全国代表大会提出推动形成全面开放新格局，大幅度放宽市场准入，扩大服务业对外开放。随即我国推出了一系列进一步促进金融开放的措施，银行市场外资进入限制进一步取消，外资进入对中国银行业绩效的影响重回研究视野。特别是中国“营改增”税制变革与之叠加，是否会产生新的问题与变数，这些都值得进一步探讨和深入研究。不同于一般性行业，银行业的对外开放一直是各国重点关注领域，由于其在国民经济体系中具有牵一发而动全身的特殊地位，银行业对外开放的研究具有重要意义，加之银行业属于特殊的金融服务行业，不能照搬其他行业的研究成果，鉴于此，本书按照“提出理论假设—建立数量模型—构建实证模型—数据实证分析—得出结论并提出政策建议”的思路较为系统地分析外资进入对内资银行市场绩效的作用途径。

第一，通过对现有研究的梳理，本书发现已有的大部分文献是在既定外资进入方式下，分析外资进入这一事实对东道国银行业市场绩效的影响，忽略了外资进入的作用效果会因外资选择不同的进入方式而发生改变，在我国这一现象尤其突出；虽然关于外资进入对东道国银行业市场绩效影响的研究不少，但多以实证检验为主，理论支撑欠缺。此外，“营改增”税制变革与企业绩效间的关系是近年来的热点之一，然而在“营改增”和进一步金融开放双重背景下重新审视外资进入效应的研究少之甚少，因此本书以此为切入点展开深入分析：一是根据我国对外资参股内资银行行为长期存在份额限制的国情，对我国银行市场外资进入的绿地建设方式和非绿地建设方式进行重新界定。二是将外资的“进入方式”作为主要研究对象之一，并按照绿地进入和非绿地进入两种方式，分别对外资进入对中国银行业市场绩效的影响进行理论和实证分析。三是构建修正后的 Monti - Klein 古诺模型，以直观反映“营改增”政策对外资进入效应的调节作用。四是实证分析中同时引入进入方式变量和“营改增”政策变量，以检验关于进入方式对内资银行绩效影响的传导路径及“营改增”调节作用的假设。

第二，本书将银行业市场绩效定义为“银行业通过一定的行为使其在服务产品的价格、服务供给量、成本控制能力、盈利能力、风险管理水平和产品创新以及技术进步等方面所达到的现实状态”，并从银行利润效率和效益两个角度实证分析外资进入方式对我国银行业市场绩效的短期影响。其中，利润效率为银行经济主体在给定的约束条件下，实际的经营结果与理论上最优的经济结果的距离，代表银行获利能力和质量，体现银行的可持续发展能力；效益为银行业经营业绩在数量上的描述和总结，反映银行的经营成果和效果。

第三，详细探讨外资进入对中国银行业市场绩效的作用机理：一是外资绿地进入方式通过竞争效应和技术外溢效应影响内资银行市场绩效；竞争效应和技术外溢效应相互作用、相互促进。二是外资的非绿地进入通过产权结构、公司治理机制和技术转移影响内资银行市场绩效。三是竞争的积极作用、技术外溢和技术转移效应能够导致东道国贷款利率价格和存贷利差的下降，“摘樱桃”效应导致贷款利率价格的上升和存贷利差的扩大。四是市场竞争程度对贷款业务收益的影响与贷款的价格弹性有关，当放贷市场竞争加剧导致贷款利率下降、贷款规模增加时，如果放贷规模对价格比较敏感，则放贷业务的总收益上升，如果价格缺乏弹性，则放贷业务的总收益下降。

第四，从理论上阐明了“营改增”政策对外资进入效应影响的机理。由于“营改增”后贷款业务不适用于进项税额抵扣，根据Monti－Klein古诺修正模型，银行的传统业务（贷款业务）税负增加，这将导致东道国贷款利率价格和存贷利差进一步上升，引起银行内部业务结构的调整。“营改增”政策一方面通过贷款业务成本的增加强化了外资进入的竞争负效应，另一方面银行税负消转措施则倒逼银行业务结构的调整及管理效率的提高，加快了外资进入技术溢出的正效应。

第五，以我国19家银行、2002—2019年18年期的非平衡面板数据为样本对外资进入效应及“营改增”调节作用进行验证。结果显示：（1）外资作为战略投资者的非绿地进入能够提高被参股银行的利润效率，绿地进入方式则以负向激励为主。（2）外资进入在一定程度上改善了内资银行效益，但作用有限。一是绿地进入方式中的资产规模扩张对内资银行在资产获利能力、风险管理能力和成本控制力三个方面有积极影响，而外资银行机构数量的扩张多对内资银行效益的改善效果不明显。二是境外战略投资者的引入对内资银行效益的提升没有促进作用，甚至在一定程度上具有抑制作用。（3）相较于外资进入，“营改增”这一制度变化是影响内资银行绩效的重要因素。通过税收的引导作用，“营改增”后，内资银行在利润率及效益方面的表现都得到了显著改善，且“营改增”对外资进入效应以负向调节作用为主，降低了外资进入与银行绩效关系的强度。

第六，在理论分析和实证检验的基础上，本书提出了提升我国银行市场绩效的五条政策建议。一是由于外资进入的效应随着进入的深化动态变化，我国对外政策也应动态调整：当前，我国银行业外资进入程度低，内资银行仍起主导作用，随着外资进入程度的不断加深，金融安全问题将日益凸显。保障金融安全、维持金融稳定是一国银行市场对外开放的大前提。二是目前我国外资绿地进入在提高内资银行利润效率方面并不理想，但在改善内资银行效益方面起到了积极作用。对此，当前阶段可以从以下两个方面激励绿地进入积极效应的发挥：在组织形式上，法人组织形式更有利；在进入地域范围上，要优化外资进入的区域分布，积极引导外资进入中西部地区，使外资银行在全国范围内均衡发展，以促进整个社会经济效益的改善。三是实证分析验证了“产权结构→公司治理→银行业市场绩效”逻辑的正确性，内资银行引进境外战略投资者的改革思路本身没有错。然而，非绿地进入方式的积极作用有限，这是因为我国并没有形成有利于境外战略投资者发挥积极作用所需的条件。因此，今后内资银行须对外资战略投资者身份的认定进行严格把关，筛选最优的主体进入；监管部门须加强对外资参股的事后监管和行为约束力度，增加战略投资者蜕变为投机者的成本；鼓励外资采用股权互换或交叉持股方式进入，以增强战略合作的稳定性。四是“营改增”政策对银行绩效提升及外资进入效应具有明显的倒逼机制和调节作用，今后税收制度的优化可以围绕：提升整体意识，系统性、战略性制定税收政策；把握直接税和间接税的关系，提高直接税的能动性；以税收的非中性原则，优化资源配置；以市场主体间的中性原则，营造公平的竞争环境；制定与金融监管制度相适应的税收政策，尽量避免银行引致潜在金融风险等。五是中国银行业竞争力的提升，最终应立足自身，转变发展模式、提高创新能力、加强国际合作。

郑少华

2023 年 4 月

目 录

第一章　绪论

第一节　研究背景及意义

一、研究背景

纵观世界经济史不难发现，金融自由化已经成为主流。不仅西方发达国家积极推崇金融自由化，大银行把扩大规模、拓展海外市场作为发展战略，而且金融自由化的思想对新兴国家的金融体制改革也产生了深远的影响。20 世纪 80 年代以来，新兴国家开始放松对金融市场的管制、逐步取消外资进入本国银行业的限制，大型金融机构跨越了国家和民族的障碍，先后通过绿地进入和并购方式抢占新兴国家市场。

中国也不例外，从 1979 年到 2011 年，中国银行业经历了循序渐进的对外开放历程。早期，外资主要通过绿地建设方式进入我国银行市场。1979 年 12 月，日本进出口银行率先在北京设立代表处。1981 年，在深圳设立的南洋商业银行分行，成为中国改革开放以来外资银行设立的第一家营业性机构。之后，随着我国对外资银行政策限制的逐渐放宽，外资银行进入的地域范围由经济特区到沿海地区，再到全国范围；

外资银行进入的业务范围由外币业务到本币业务，业务范围从外国居民到本国居民，外资银行经营机构数量迅速增加。到 2011 年底，外资银行虽然占中国金融机构总资产比重仅为 1.93%，但外资的进入已经成为中国银行业的重要组成部分，对中国银行业的竞争和市场结构带来重大影响。在改革开放前的计划经济时代，中国银行业由中国人民银行一家银行“高度垄断”，当时中国境内尚有汇丰、渣打、东亚和华侨四家外资银行在理论上没有中断业务，但实际上只能用“惨淡经营”来形容。改革开放后，伴随着银行市场改革的不断深入，中国银行业发生巨大变化，在本土不仅形成了 5 家国有银行，还有以中信银行、民生银行和华夏银行等为代表的十几家股份制银行、农村商业银行和城市商业银行，此外还有来自众多国家的 300 多家外资金融机构，形成了竞争格局。

中国加入世界贸易组织（WTO）以后，为应对外资银行的挑战、提升国际竞争力，中国银行业开始大刀阔斧地改革，并鼓励外资通过参股方式（非绿地）进入内资银行：2003 年底，中国银行和中国建设银行首先进行股份制改造和剥离不良资产，成为国有银行改革的先锋；2003 年 8 月，时任中国银行业监督管理委员会（以下简称银监会）主席刘明康在“在华外资银行负责人会议”中表示，“将鼓励外资银行作为战略投资者或股权投资者参股内资银行”；同年 12 月，《境外金融机构投资入股中资金融机构管理办法》的出台将单家外资机构入股比例提升至 20%，掀起了外资参股的热潮，从此我国商业银行逐渐走上“商业化→股制改造→引进战略伙伴→上市”的发展道路。改造后的中资商业银行降低了不良贷款率、增强了抗风险能力。

中国银行业对外开放的重要目的之一是提升银行业整体的市场绩效水平，增强内资银行的国际竞争力。经过几十年的发展，外资银行已经成为中国银行业的重要组成部分，内资银行的不良贷款率、产品创新能力等已有一定的改善。然而，银行市场开放对内资银行市场绩效的影响具有两重性：一方面，外资进入促进了中国银行业竞争机制的形成，有利于公司治理水平的提高；另一方面，外资的进入也使我国银行不可避免地面临新的挑战，特别是2008年金融危机爆发后，如何在保证金融安全和稳定的前提下合理对外开放银行市场再次成为人们讨论的焦点。2006年，中国银行市场进入全面开放阶段，从比较优势角度看，以绿地方式进入的外资银行不再受经营业务和地域范围的限制，可以与内资银行展开正面竞争，内资银行不再享有政策优势，如何应对实力雄厚的外资银行的竞争，成为中国银行业面对的重要问题。从战略转变的角度看，银行市场竞争程度随管制壁垒消除逐渐增加，"摘樱桃"负面效应及伴随的金融安全问题将逐渐显现，内资银行长期靠"高利差"和"傍大款"（抓住几个大型国有企业，即可实现可观的利润）的经营手段已经不能适应新形势的需要，及时把握市场需求新动态、抢占新市场已成为银行成功的战略因素。以非绿地进入方式引进外资的负面效果是国内学者争论最多的问题。2008年金融危机前，中国政府积极吸引外资，鼓励外资银行与本国银行结成战略合作关系，以巩固国内业务，提高本国银行的管理水平和业务模式。截至2005年末，中国银行业已有约160亿美元的外资银行股权①。但是到了2008年，由美国次级抵押贷款危机引发的金融危机使无数大型跨国公司和跨国金融机构深受其害，为了补充母国资本金，外资银行接连抛售几年前作为海外战略投资者低价购入的内资银行股份。一方面，外资接连套现，其行为更像是财务投资者；另一方面，外资的种种作为也使内资银行对境外战略投资者感到失望，"金融市场内没有永远的伙伴，也没有永远的敌人"。

2017年10月，中国共产党第十九次全国代表大会提出推动形成全面开放新格局，随即新一轮金融开放的措施相继出台，银行市场外资进入的限制进一步取消，外资银行进入效应问题重回研究视野。然而，此次开放不同于以往，不仅国际形势复杂严峻，"营改增"的全面推行也

① 陈澍．外资银行在中国［M］．北京：当代中国出版社，2011：61.

使税制环境产生了巨大变化。那么在新的开放阶段，如何使外资更好地发挥作用？为了回答以上问题，应深入研究和分析外资进入对东道国银行业市场绩效影响的传导路径，厘清税收制度变革叠加对外资进入效应的影响，这正是本书研究的出发点和落脚点。

二、研究目的及意义

（一）研究目的

本书研究的宗旨是从东道国角度出发，以外资进入方式为突破口，分别从理论和实证两方面分析外资进入对中国银行业市场绩效的影响，探讨不同进入方式的传导路径，充分发挥两种外资进入方式的优势，以期为我国银行业新一轮开放提供参考；阐明“营改增”税制变革对外资进入效应的调节作用，为助力中国银行业整体国际竞争力的提升给出政策建议。

首先，本书结合我国的实际情况，对外资进入中国银行业的进入方式进行明确的界定，详细探讨了绿地进入和非绿地进入两种方式对银行市场绩效的影响路径，阐明“营改增”政策实施前后对银行贷款业务的影响，并在此基础上分析税制变革对外资进入效应的影响，以此提出实证研究假设。

其次，在理论分析的基础上，本书结合中国银行市场的相关数据，对理论分析结论进行实证检验。虽然银行业外资进入已有一段时间，但是外资在华发展仍存在一定的限制，特别是外资采用非绿地进入形式并不顺利，因此确切地说，本书只是对我国外资进入短期效应的短验证。

最后，在理论和实证分析的基础上，提出促进我国银行业市场绩效改善的开放措施和税收政策建议是本书的最终目的。

（二）研究意义

首先，本书研究具有现实意义。银行业不是一般性行业，它在我国金融行业中占有重要地位，关系到国民经济的健康发展。1979 年之后，银行业外资从无到有，再到快速发展；从绿地进入到非绿地进入方式，再到2017年新一轮的金融开放启动。因此，分析不同进入方式的优劣势，评价多年实践成效，对我国银行业在新的开放背景下、税制改革期间提升整个行业竞争力具有现实意义。只有准确把握不同进入方式的作用途径和“营改增”叠加效果，才能正确指导中国银行业改革的实践。

其次，外资进入对东道国银行市场绩效的影响、“营改增”的减税效应，这并不是一个新的问题，而本书的理论意义在于：一是在一定程度上弥补了现有研究对外资“进入方式”与东道国银行市场绩效关系长期忽视的缺陷。二是将“营改增”与外资进入效应纳入同一研究框架，探讨税制变革对后者的调节作用。三是从微观层面检验进入效应及其税制调节机制的存在，为理论分析提供支撑。

第二节 研究方法与内容

一、研究方法

本书以金融自由化、产业组织理论、内生增长理论和新制度经济学四个理论为基础，结合计量经济学和专业软件，深入研究中国银行业外资进入效应及“营改增”税制变革的调节作用，并在此基础上提出提升银行业市场绩效水平的政策建议。主要采用的研究方法如下：

一是运用产业组织理论和产权理论，分别定性分析我国银行市场上外资绿地进入和非绿地进入两种方式对银行市场绩效的作用机理，在此基础上，借助修正后的Monti - Klein古诺模型，从数理模型的角度直观地反映不同进入方式影响机制的差异，给出“营改增”调节作用的经济机理解释。

二是采用各种指标和变量，从利润效率和效益角度定量分析我国银行业市场绩效的变化规律。利用随即前沿法（SFA）测算出我国银行市场的利润效率水平；借助四类财务指标分别代表我国银行业资产获利能力、业务结构状况、成本控制能力和风险管理能力，从而量化银行的效益水平；通过外资机构占比、外资资产占比和外资参股份额量化外资绿地和非绿地两种进入方式的程度；引入“营改增”政策变量与外资进入变量的交互项，以验证税制变革的叠加效应。

三是本书多处采用比较分析法，具体体现为：按照外资进入方式对既有研究分类的基础上，对国内外的研究侧重点进行比较、我国银行业的对外开放现状与其他新兴国家和发达国家地区的比较、外资两种进入方式对市场绩效作用机理的比较、“营改增”前后银行行为变化的比较、绿地进入方式的机构扩张与资本扩张作用力强度的比较。

四是在实证分析过程中综合运用多种计量方法。首先，在从利润效率角度的实证分析中，考虑到因变量受限的特点，使用 SFA - Tobit 二阶段法进行回归分析，避免出现有偏不一致的估计问题；在从效益角度的实证分析中，运用固定效应模型对面板数据进行估计。其次，为了排除“外资进入方式”与“市场绩效”间的双向关系对实证结论的干扰，选用外资进入变量的滞后一阶进行稳健性检验，以尽可能消除模型的内生性问题。

二、研究内容及技术路线

（一）研究内容

本书沿着“机理分析→实证研究→对策研究”的框架进行构建，具体章节安排如下：

第一章至第四章为理论准备部分。

第一章为绪论，阐述本书的研究背景、研究意义、创新点等。

第二章为理论基础与文献综述：一是对书中涉及的一些重要概念进行界定，确定研究范围。二是阐述本书的理论基础，包括金融自由化、产业组织理论，内生增长理论和新制度经济学。三是对已有文献进行梳理，主要包括梳理外资进入与银行市场绩效关系研究、银行市场绩效评价方法；按外资进入方式将这类研究划分为三大类——绿地进入方式的研究、非绿地进入方式的研究、同时以两种进入方式为研究对象的研究；梳理“营改增”与银行绩效关系研究的理论成果。四是在对国内外研究现状评析的基础上找到本书研究的切入点。

第三章在回顾中国银行业开放历程的基础上，分别讨论我国银行市场外资绿地进入和非绿地进入的特点。

第四章为中国银行业税收制度的历史沿革、银行业税收收入与结构特征分析。同时，第四章也为机理分析部分。首先，该章从理论上阐述了两种外资进入方式作用于东道国内资银行市场绩效的不同传导途径：外资绿地进入方式通过竞争效应和技术外溢效应影响东道国银行市场；非绿地方式除了可以带来技术转移效应外，还可以通过优化产权结构，提高公司治理水平。其次，通过修正后的 Monti - Klein 古诺模型，将外资进入与“营改增”政策纳入同一框架，直观反映外资银行进入方式的不同传导机制差异及“营改增”的调节作用。最后，根据理论分析，提出四个研究假设。

第五章和第六章为实证研究部分。这两章分别从银行利润效率和效益两个方面验证第四章理论分析提出的研究假设，样本为中国 19 家银行 2002—2019 年的财务数据，“营改增”政策变量与外资进入变量的交互项作为衡量税制变革的叠加效应的度量指标。其中，第五章为外资的进入方式与银行利润效率关系的实证检验，以内资银行利润效率值为因变量、以绿地进入的机构占比和总资产占比作为绿地进入方式变量、境外战略投资者的入股比例作为非绿地方式变量，并采用 SFA - Tobit 模型进行回归分析。第六章为外资的进入方式与银行效益关系的实证检验，将银行的效益划分银行的资产获利能力、业务结构状况、成本控制能力和风险管理能力四个方面，借鉴 Claessens 等（2001）[①] 提出的回归

① Claessens, S., Demirguc - Kunt, A. and Huizinga, H., How does foreign entry affect domestic banking markets? [J]. Journal of Banking and Finance, 2001, 25 (5): 891 - 911.

模型进行实证检验。

第七章对全书的研究进行总结，并在此基础上提出促进我国银行业市场绩效改善和税收制度改革的五项政策建议。

（二）技术路线

本书沿着“提出理论假设—建立数量模型—构建实证模型—数据实证分析—结论和政策建议”的研究思路展开分析，具体路线如图1-1所示。

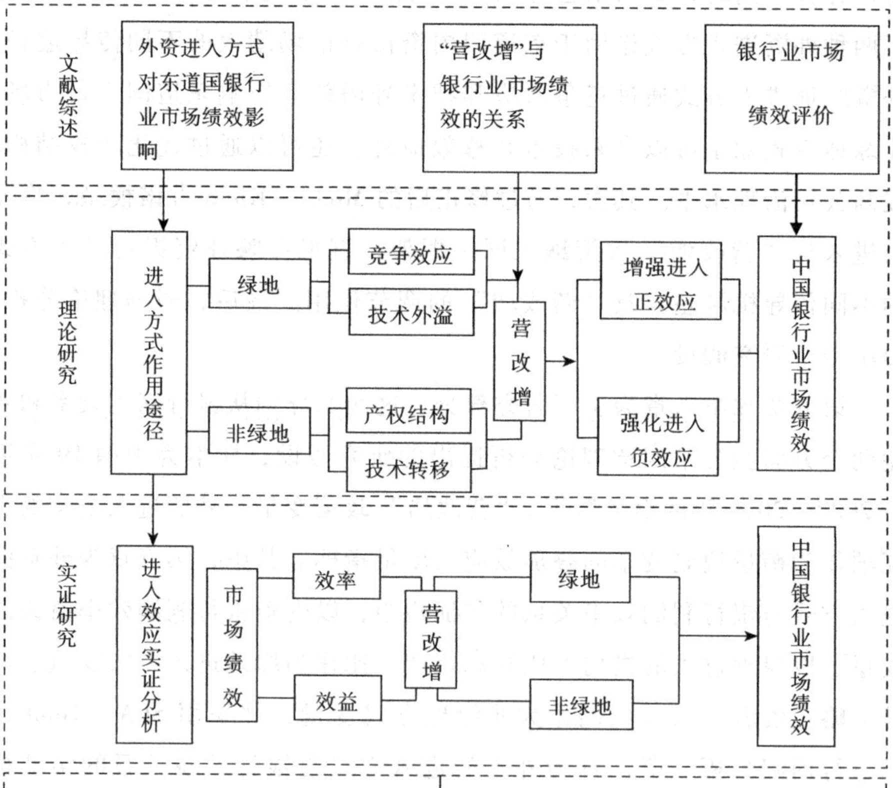

图1-1 技术路线

第三节 研究创新点

第一，将外资“进入方式”作为影响我国银行业市场绩效的因素之一。目前国内外关于外资进入对银行市场绩效影响的文献有很多，但这些文献普遍将外资“进入方式”忽略在研究领域之外。现有大部分文献是在既定外资进入方式下（绿地方式或非绿地方式），研究外资进入这一事实与东道国银行业市场绩效之间的关系。本书认为，外资的不同进入方式对市场绩效的影响途径、对银行市场绩效的作用效果、对政策目标的实现等很多方面都可能存在差异。另外，在我国银行市场中，这两种进入方式同等重要。因此，应当将外资“进入方式”作为重要因素予以研究。虽然也有部分学者做出努力以弥补该缺陷，但多为实证研究的尝试，缺乏理论支撑。因此，为了对外资进入方式进行深入分析，本书在借鉴前人研究成果的基础上，结合根据我国曾长期明确限制外资参股内资银行股份份额的国情，对我国银行市场外资进入的绿地方式和非绿地方式进行重新界定，然后按照两种进入方式分别展开分析。

第二，针对已有文献多关注于“营改增”政策对银行业减税效应的现状，本书侧重探讨“营改增”这一税制变革对银行业外资进入效应的调整机制及实证情况的检验，并利用修正的 Monti - Klein 古诺模型，将“营改增”政策与外资进入效应纳入同一理论框架。

第三，对银行市场绩效的评价进行改进。主要体现在：（1）将银行业市场绩效概念区分为利润效率和效益两方面，并分别进行实证验证，以全面把握外资进入的绩效影响。（2）为了克服 SFA 技术效率值截断性产生的有偏不一致估计量，本书将 SFA 法与 Tobit 模型相结合，构成 SFA - Tobit 二阶段分析法。

第四，在外资进入与东道国银行业市场绩效的实证研究中，本书创新性引入“营改增”政策变量与外资进入变量的交互项。由于以下原因交互项的引入可以达到本书的研究目的：一是政策虚拟变量能够体现从2016年开始“营改增”政策在中国银行全面推开政策变革事实；而外资进入指标是动态变化的，因此交互项可以体现税制进入程度动态变化对“营改增”前后外资进入效应的影响差异、验证理论分析部分对“营改增”政策调节作用阐述的正确性。

第四节 研究不足与进一步研究方向

一、研究的不足

第一，银行的利润效率受多种因素影响，例如外资银行从母行获得贷款的能力、库存现金管理水平等。但是，本书为了简单明了地表达外资进入对东道国银行市场绩效影响的差异，从众多因素中挑选出关键因素——贷款、同行拆借资产（或政府短期债券）和准备金——作为银行的资产项目，因此在一定程度上限制了模型对现实状况的解释力。然而，如果使模型的构建更加贴近现实状况，就需要加入过多的决策行为，均衡状况也就更复杂，因此不得不在模型简化与更强的解释力之间进行取舍，这就导致书中对部分问题的分析不够深入。相信随着知识的积累与能力的提高，在未来的研究中理论部分能够不断完善。

第二，本书主要是以外资进入方式对东道国银行整体市场绩效的影响为研究对象。除书中提到的主要因素外，银行个体差异也会对外资进入效应产生影响。例如与全国性的国有银行和股份制银行相比，外资进入对经营业务受地区限制的城市商业银行的冲击可能会有差异，但因城市商业银行财务报表在上市之前是不公开的，早期数据严重缺失，故样本中仅包括4家城市商业银行，数据的可获得性问题使本书不能进一步根据银行这一特性进行异质性分析。

第三，“营改增”除了影响贷款业务外，本书也提到理论上税收的替代效应将激励银行在“营改增”后偏向税负更轻的其他业务，或采取增强成本控制能力的税负消转措施，进而提升自身绩效。由于研究重点和篇幅所限，本书并没有对银行上述行为的改变作进一步验证。

二、进一步研究方向

第一，进一步完善外资进入方式的理论模型，探索运用博弈论知识将东道国制度的动态调整因素引入模型，使模型的假设条件进一步符合现实情况，增强模型的解释力；进一步完善实证研究，探索能够代表内外资银行间技术差异、产权结构差异的有效变量，进一步细化进入效应的影响条件。

第二，东道国地区银行市场发展状况可能是影响外资对内资银行市场绩效作用的因素之一。当外资进入银行业发达的城区时，外资的竞争效应可能更显著；当外资进入银行业欠发达的西部和农村地区时，外资进入对当地银行业的技术外溢效应可能更显著。由于目前外资仍主要集中于我国东部和发达地区，西部和农村地区的外资进入规模非常小，并且相关数据缺失，制约了运用实证方法检验外资进入方式与我国地区银行市场发展状况之间的关系。今后随着我国外资进入的不断深化和数据的不断完善，这一研究将成为可能。

第三，外资进入除了能影响东道国银行的市场绩效外，还会改变东道国企业贷款的可获得性，融资约束的改善可以提高东道国贷款企业的总福利。绿地进入的外资银行凭借其“硬信息”优势与内资银行争夺财务信息透明度高的大型企业和上市企业，因此这类贷款企业在内外资银行的竞争过程中获益；对于中小型企业，既可能会被边缘化而减少其可获得的贷款量，也可能转而成为内资银行的主要客户。非绿地进入的情况下，如果被参股银行能用好外资银行的“硬信息”优势，并与内资银行的“软信息”优势结合，则不会有损于中小企业的贷款供给福利，甚至中小企业的状况可能会有所改善。由于本书以“银行市场绩效”为主题，所以没有进一步考虑外资进入对贷款企业的福利效应，“福利”是经济学的重要内容，也是今后“外资进入方式”研究的另一条思路。

总之，银行进入方式的研究在理论和实践上都具有重要意义，且未来仍然有很多研究空间，选择合适的外资进入方式，并推出有效的税收引导政策，将有利于增强东道国银行业的国际竞争力，促进东道国银行市场的健康和稳定。

第二章　基础理论与文献综述

第一节　基本概念

一、银行与银行产业

（一）商业银行、外资银行与内资银行

1. 商业银行

商业银行区别于政策银行，它是以获取利润为目的，以金融负债为资金来源，以货币等多种金融资产为经营对象，以存、放款为主要业务的金融机构。我国商业银行由以下六类银行构成：国有商业银行、股份制商业银行、城市商业银行、农村银行业金融机构、中国邮政储蓄银行和外资银行。其中，国有商业银行包括中国工商银行、中国农业银行、中国银行、中国建设银行和交通银行五大国有商业银行；股份制银行包括渤海银行、招商银行、中信银行、中国民生银行、兴业银行、浦发银行、华夏银行、平安银行、中国光大银行、广发银行等；城市商业银行是由原来城市信用合作社的基础上发展而来的；农村银行业金融机构包括农村信用社、农村合作银行、农村商业银行、村镇银行和农村资金互

助社。虽然五大国有银行和城市商业银行已经完成了股份制改造，但为了保证数据的可比性，本书仍按传统方式进行分类及实证检验。

2. 外资银行

外资银行有广义和狭义之分。狭义的外资银行是指在东道国境内注册，由外国资本组建的，在东道国境内经营和开展业务的银行机构；广义的外资银行是指在某一东道国境内经营和开展业务的银行机构，但银行的最终控制权掌控在东道国之外的机构或居民手中。广义外资银行除了包括外商独资银行以外，还包括外国银行在东道国的分行，外国资本通过合资、并购（M&A）等方式获得实质控制权的银行机构（一般外资拥有的表决权不小于50%；或者外资表决权虽然没达到50%，但外国居民或机构拥有实际控制权）。《中华人民共和国外资银行管理条例》（2019年修订版）（以下简称《外资银行管理条例》）对“外资银行”有明确的定义：依照中华人民共和国有关法律、法规，经批准在中华人民共和国境内设立的以下四种机构：一是1家外国银行单独出资或者1家外国银行与其他外国金融机构共同出资设立的外商独资银行；二是外国金融机构与中国的公司、企业共同出资设立的中外合资银行；三是外国银行分行；四是外国银行代表处。

3. 内资银行

与外资银行概念相对应，可以将内资银行定义为在东道国境内注册，且最终控制权掌控在该东道国机构或居民手中的银行。顾名思义，中国的内资银行（也称中资银行）指在中国境内注册，且最终控制权掌控在中国机构或居民手中的银行机构。内资银行除中国人民银行以外，还包括政策性银行和内资商业银行两大类，其中内资商业银行是指除外资银行以外的五大类商业银行。

（二）中国银行业

“中国银行业”是本书的重要研究对象，因此首先须对其做明确的界定。

第一，本书的“中国银行业”为中国内资银行范畴，不包括外资银行。内资银行概念与外资银行相对应，即在某一东道国境内经营和开展业务的银行机构，但银行的最终控制权掌控在该东道国机构或居民手中。顾名思义，中国内资银行指在中国境内经营和开展业务，且最终控制权在中国机构或居民手中的银行机构。

第二，本书的“中国银行业”仅包括中资的商业银行。内资银行由中国人民银行、政策性银行和中资商业银行三大类构成。商业银行区别于政策性银行，是以获取利润为目的，以金融负债为资金来源，以货币等多种金融资产为经营对象，以存、放款为主要业务的金融机构。我国商业银行有国有商业银行、股份制商业银行、城市商业银行、农村银行业金融机构、中国邮政储蓄银行和外资银行，前五类银行构成中资商业银行。

本书研究范围：国有商业银行有中国工商银行、中国建设银行、中国银行，中国农业银行和交通银行 5 家国有银行；股份制银行有渤海银行、招商银行、中信银行、中国民生银行、兴业银行、浦发银行、华夏银行、平安银行、中国光大银行、广发银行十大股份制银行；在原来城市信用合作社的基础上发展起来的城市商业银行，有上海银行、北京银行、南京银行和宁波银行 4 家。农村银行业金融机构包括农村信用社、农村合作银行、农村商业银行、村镇银行和农村资金互助社，但不在本书的研究范围内。

本书仅考察中资商业银行，这是因为：一是商业银行是我国银行业的主体，也是我国金融市场中的重要组成部分，其发展和稳定关系到我国国民经济的命脉。二是以绿地方式进入的外资银行属于商业银行体系中的一大类，以参股进入的非绿地方式同样发生在中资商业银行中。三是与商业银行不同，人民银行不以营利为目的，属于管理机构。四是政策性银行与商业银行也存在很大差异：首先，政策性银行根据国家整体和社会利益、政府政策或意图进行政策性投融资活动，其产生和业务的发展主要受东道国政府的干预和政策的影响；其次，政策性银行的资本金多是由政府财政拨付，一般不吸收公众存款；最后，政策性银行有自己的特定业务领域，不与外资银行等其他商业银行竞争。

综上所述，本书将中国银行市场界定为中国的内资商业银行，但为了语言的精炼，如无特殊说明，本书中“中国银行业”“内资银行”“中资银行”均指中国内资商业银行。

二、外资进入方式与进入效应

（一）外资进入方式

本书的“外资进入”指境外金融机构或其他经济组织，以直接投资方式（如新建银行）和间接投资方式（如购买股票）进入东道国银行业的行为。

国外文献一般将外资进入东道国银行业的方式分为绿地进入和并购两大类，在我国，情况比较特殊。2018 年 8 月 17 日之前，境外金融机构向已依法设立的中资金融机构投资入股时，“单个境外金融机构向中资金融机构投资入股比例不得超过 20%”①，这实际上制约了外资实际控制内资银行的能力，因此在 2018 年 8 月 17 日之前，我国银行市场并不存在真正意义上的并购方式。2018 年 8 月 17 日，中国银保监会为了进一步放宽外资准入、扩大银行业对外开放，取消了内资银行的外资持股比例限制，在制度上为外资通过收购兼并方式进入中国银行产业创造了条件②。因此，我们认为有必要对外资进入中国银行业的方式进行必要的说明与界定。

结合我国的实际情况，下文将外资进入东道国银行业的方式分为绿

① 中国银行业监督管理委员会令〔2003〕第 6 号《境外金融机构投资入股中资金融机构管理办法》（自 2018 年 8 月 17 日起废止）。

② 中国银行保险监督管理委员会令〔2018〕第 5 号《中国银保监会关于废止和修改部分规章的决定》。

地建设和非绿地建设两种。为了语言的精炼，书中将“绿地建设”和“非绿地建设”分别简称为“绿地”和“非绿地”。

绿地指境外投资者在东道国设立代表处、分行、外商独资银行或合资新建银行。也就是说，我国外资的绿地进入方式为《外资银行管理条例》规定的四种外资银行形式。虽然2018年我国取消外资入股比例限制后，外资银行也可以通过并购方式实质控制内资银行，但根据《国务院关于修改〈中华人民共和国外资银行管理条例〉的决定》（以下简称《决定》），外资入股中资商业银行和农村中小金融机构的，按“出身”来划定金融机构类型，也就是说，外资入股后，无论是否取得内资银行的实际控制权，均不因入股而将内资银行变更为外商独资银行或中外合资银行。

非绿地进入由参股和并购两种形式构成。参股不等于并购，并购是指境外金融机构兼并或出资购买一定数额的东道国内资银行股权以获得被收购银行的实际控制权，一般内资银行被外资并购后便属于广义的外资银行。外国银行或其他外国金融机构[①]参股内资银行虽然也需购买一定数额内资银行的股份，但是外国投资者并不取得内资银行的控制权，参股后的银行仍属于东道国的内资银行。由于我国在2018年《决定》实施之前，对外资收购内资银行的股权有20%的上限规定，所以2018年以前外资以非绿地方式进入的实际为参股进入，并且多以境外战略投资者身份参股。《决定》实施之后，由于我国取消了外资参股份额限制，因此2018年8月17日之后外资以并购方式进入中国银行市场成为可能，但无论采取何种进入方式，外资银行都应当根据东道国相关法律规定承担相应的责任和义务。本书考虑到中国的国情和语言表达的准确性，将并购和参股方式统称为“非绿地进入方式”。

---

① 国务院令〔2014〕第657号《国务院关于修改〈中华人民共和国外资银行管理条例〉的决定》规定，外国金融机构，是指在中华人民共和国境外注册并经所在国家或者地区金融监管当局批准或者许可的金融机构。外国银行是指在中华人民共和国境外注册并经所在国家或者地区金融监管当局批准或者许可的商业银行。

（二）外资进入效应

很多国家都在积极地吸引外资，以此来推动本国经济发展。引进外资之所以成为促进本国经济发展的重要手段之一，是因为外资进入会通过多种途径对内资企业产生影响，即产生外资进入效应。外资进入会带来市场结构变动、技术外溢、就业效应等一系列效应，根据已有的研究，外资进入效应一般可以分为两大类：溢出效应和竞争效应。

1. 溢出效应

溢出效应（Spillover Effect）是指外资进入东道国后，不仅会对被进入的组织（通过兼并、参股或独资等方式）产生预期的影响，还会对进入组织之外的企业、行业，乃至整个国家的经济产生影响。也就是说，溢出效应是外资进入活动产生的外部效应。溢出效应又可分为知识溢出效应、技术溢出效应、人力资本溢出效应等。例如，一家跨国公司进入并将其一项新技术引入东道国，不仅可以提高被投资企业的生产率，其竞争对手也可以学习、复制该项技术；此外，还可以提高被投资企业的人力资本，进而带动整个行业劳动要素生产率的提高，最终引起当地技术或生产力的进步。反之，如果外资进入的是资源密集型、高耗能、高污染，或传统落后的行业，则将加剧外资与内资企业在资源、环保等问题上的冲突，制约中国经济发展的可持续性。

2. 竞争效应

竞争效应（Competitive Effect）是指外资进入某市场后，与在位者展开竞争带来的效应。一般来说，新竞争者的加入打破了原来垄断的市场格局，提高了市场的竞争度，增强了企业技术进步的动力，从而改善资源配置效率，提高经济效益。然而，如果外资进入后，内、外资企业面临不平等的竞争地位，民间资本遭到排挤，外资企业获得较强的垄断势力，此时外资的进入不利于东道国民族产业的发展。

3. 市场绩效

在现有的理论和实证研究中，对银行业外资进入效应的考察主要聚焦于外资进入对市场绩效的影响。国内外虽然关于市场绩效的理论成果不少，但是何为“市场绩效”，目前尚未有统一的定义。产业组织理论最初将市场绩效定义为企业的经济效率，并假定企业以利润最大化为唯一目标，后来经过国内外学者的发展和丰富，市场绩效的内涵扩展到技术进步、创新、分配公平等多个方面[①]。本书采用史忠良（1998）[②]的市场绩效定义：在一定的市场结构下，通过一定的市场行为使某一产业在价格、产量、费用、利润、产品质量和品种以及技术进步等方面所达到的现实状态。根据市场绩效的概念，本书将银行业市场绩效定义为“银行业通过一定的行为使其在服务产品的价格、服务供给量、成本控制能力、盈利能力、风险管理水平，以及技术进步等方面所达到的现实状态”。

我国不少学者将市场绩效视为效益和效率的同义词，对三者不加区分，混为一谈，这直接造成银行业市场绩效研究存在语言表述不准确、实证研究以偏概全的情况。市场绩效是效益和效率的综合，在经济学中，效益指完成一项经济活动取得的效果和结果；效率则评价经济主体是否用在既定的投入约束下获得最大的产出，也可以理解为达到既定收益目标是否实现了成本最小化。

效益与效率二者从不同的角度衡量银行市场绩效，效益强调最终货币投入和货币产出的关系，是经营业绩在数量上的描述和总结，反映银行的经营成果和效果，例如银行的各种财务指标；效率强调从质量的角度评价绩效，不仅包括货币形式的投入和产出，还包括时间等非货币形式的投入和产出，反映经济主体在给定的约束条件下，实际的经营结果与理论上最优的经济结果的距离。效率是一种相对的概念，代表银行内在经营活动的质量和能力，体现银行的盈利能力、竞争能力和可持续发展能力。效率的高低取决于银行内部经营水平的高低，效益

---

① 金碚．产业组织经济学［M］．北京：经济管理出版社，1999：143－153．

② 史忠良等．产业经济学［M］．北京：经济管理出版社，1998：159．

不仅受经营水平的影响，还受宏观经济环境、市场结构等外部环境因素影响。

效益与效率既相互区别，又相互联系，高效率的经济主体具有获得最大经济效益的能力，是主体提高长期经济效益的手段，而高效益是主体提高效率的目的，二者的协调发展是长期绩效不断提高的保障。然而现实中，经济主体的效益与效率并不始终一致，具有骄人业绩的银行，如果大量冗员、工作效率低、资源浪费严重，这种效率低的现状如不加以改正，必然影响其长期的经营效益；一个效率高的企业，如果生产的产品不被客户接受，利润长期处于较低水平，也会影响该银行未来的发展前景。因此一个银行在其扩大和再生产过程中，应该确保实现高效益的同时，注重效率的同步提高，二者协调发展。

银行作为金融行业的组成部分，虽然具有行业特殊性，但也是企业的一种形式，具有一般企业所拥有的普遍特征，因此银行市场绩效也应包括银行效益和银行效率两个方面。一方面，银行利用吸收存款的方式获得投入资源，依靠对外提供贷款和金融服务获得收入，提高经营业绩；另一方面，银行以货币这一特殊商品作为经营活动对象，因此在经营过程中还需要全面地管理资产和负债，控制经营风险，在既定约束下通过资源的合理配置，以尽可能低的成本获得尽可能多的产出，缩小实际经营状况与可能经营状况之间的差异。

三、税制改革与“营改增”

嵌于经济制度中的税收制度①②，是企业面临的重要制度安排。税制改革指通过税制设计和税制结构的边际改变来增进社会福利的过程。税制改革形式多样，既可以在现行税种的基础上对税率、纳税档次、起

---

① 罗纳德·H. 科斯，等著. 财产权利与制度变迁［M］. 上海：格致出版社，2014：188.

② 苗庆红. 中国经济转型背景下税制变迁的路径、逻辑及展望［J］. 中央财经大学学报，2018（07）：3-12.

征点或免征额等税收要素进行调整，也可以出台新税种和废弃旧税种，以及通过调整税种的搭配组合方式来实现。如何通过税制改革构建新发展格局一直是学术界关注的热点和重点问题。

改革开放40多年，金融行业逐步形成了多税种、多环节和多层次的金融税收制度，并不断进行深化改革，以营造更公平的竞争环境，促进行业持续、健康发展。其中，营业税改为增值税（以下简称“营改增”），是中华人民共和国成立以来规模最大的一次财税改革。在我国，自1994年分税制改革后对金融行业开征营业税，营业税一度成为金融行业的主要税种。营业税的名义税率虽然远低于增值税的适用税率，但营业税以营业额全额计税，没有相应的扣除项目，增值税则以提供产品和服务的增值部分进行计税，因此营业税的实际税负高于增值税。此外，“营改增”前我国在制造业征收增值税、在服务业征收营业税的税制结构不可避免地导致对服务业的重复征税。为了解决这一问题，我国于2012年1月1日开始“营改增”试点；2016年5月“营改增”在全国全面推行，至此营业税退出历史舞台。相较于所得税，由于增值税更直接地嵌入银行业每一个业务流程，因此税制改革通过作用于税负成本、经营方式、财税管理等方面，对银行业市场绩效产生深远的影响。本书正是以2016年“营改增”这一税制变革为时间节点，探讨这一政策冲击对外资进入效应的影响。

四、银行业市场绩效

（一）衡量效率的指标

银行效率指标从银行产出最大化、成本最小化和利润最大化三个角度衡量银行市场绩效，又可细分为规模效率、范围效率和“X－效率”。规模效率衡量的是银行运营规模与银行成本之间的关系，如果银行产出的增加使平均成本下降，说明银行处于规模有效率状态，反之为规模无效率；范围效率反映银行的经营范围与银行成本之间的关系，如果银行经营范围的扩大使平均成本降低，说明银行存在范围效率，反之为范围无效率；“X－效率”指在规模效率和范围效率以外的银行内部技术效率和配置效率，被用来衡量银行的成本控制能力、银行整体组织管理水平的高低。

目前，分析银行效率采用最多的是前沿分析法。前沿分析法包括参数分析法和非参数分析法，其基本思路是将银行业视为具有投入和产出的一般性生产企业，计算待考察银行与效率前沿面之间的偏差，偏差越大，说明所考察的银行效率越低。本书将在第五章对参数法和非参数法进行详细的比较说明，因此这里不再赘述。

（二）衡量效益的指标

衡量银行业市场绩效的指标主要有财务指标、经济增加值、银行价格指标。

1. 财务指标

财务指标是最早用于分析银行市场绩效的指标，也是反映银行效益最常用的指标。该指标以银行的财务会计报表（资产负债表、利润表、现金流量表）为基础，通过计算得出一系列指标，以衡量市场绩效。主要的财务指标有资产收益率（ROA）、净资产收益率（ROE）、净利息边际（NIM）等。这些指标能够反映银行的财务状况和经营情况，因此又称为银行的经营市场绩效指标。一般来说，ROA 和 ROE 越高，行业的获利能力越高；NIM 越高，说明所考察的银行业传统业务的盈利空间越大。但是，ROA、ROE 和 NIM 指标的上升也可能代表银行业存在竞争不充分的问题，银行具有一定的垄断力量，可以在压低存款利率的同时抬高贷款利率，因此银行具体的绩效情况还需结合实际情况予以分析。

财务指标评价具有片面性，不能全面反映银行业的市场绩效。首先，不同的会计处理方法会影响市场绩效间的可比性。其次，财务指标中的利润为会计学中的概念，与经济学中的“经济利润”不是一个概念，因此在经济学中的应用存在一定的局限性。最后，财务指标法没有考虑不同因素之间的相互作用和银行内的管理效率，即银行效率情况，只注重短期绩效而忽视长期绩效。虽然财务指标存在诸多缺陷，但由于其所需数据容易获得，使用起来简单方便，因此现在仍然在使用。

2. 经济增加值

经济增加值（EVA）是基于传统财务指标发展而来的新型银行效益指标，在概念上等同于经济学中的“经济利润”。指标设计的基本思路是：理性的投资者期望获得的收益至少要大于资产的机会成本，只有能够补偿投资者承担的风险，投资者才可能进行投资。EVA 指标等于银行税后营业净利润减去全部投入资本成本之间的差值。指标值越大，说明投资创造的财富值越大，企业价值发生了增值；指标为负数，说明投资创造的收益不能弥补机会成本，企业价值发生损失。EVA 虽然仍以财务指标为依据，但与传统财务指标相比，EVA 指标不仅考虑了债务资本成本，而且考虑了权益资本的成本，还对传统利润指标进行了一系列的调整，鼓励管理者考虑银行未来的收益，因此 EVA 部分克服了传统财务指标短视的缺陷。

3. 银行价格指标

银行价格指标是通过银行产品的定价指标（如利率），考察银行对市场的控制能力，基本逻辑是银行的产品定价能力越高（如高贷款利率和低存款利率），说明银行市场竞争越不充分，越不利于银行业整体绩效的提高。银行是多产出的企业，如果其存在交叉补贴行为，用价格指标法衡量绩效会导致错误的结论。

除上述衡量银行效益主要采用的指标外，还有应用不广泛的指标衡量方法：平衡计分卡法。平衡计分卡法针对财务指标分析不全面的缺陷，在财务指标基础上加入了员工学习发展情况、客户满意度、银行的长期绩效等一系列指标，尽可能全面地考察绩效。但是，该方法里的一些指标很难量化，而且很难运用于实际，因此在经济学界应用并不广泛。

本书根据研究内容和数据的可获得性，选择利润效率和财务指标分别衡量银行业的效率与效益。

第二节　基础理论

一、金融自由化理论与银行对外开放

银行业是金融行业的重要组成部分，在金融自由化浪潮的推动下，银行业作为金融自由化的重要载体，成为发展中国家金融体制改革的主要内容。

“金融自由化”理论最早是在20世纪70年代由美国经济学家麦金农（R. I. Mckinnon）和爱德华·肖（E. S. Shaw）提出的。他们在研究发展中国家金融市场时发现，发展中国家的金融业普遍存在政府过度干预金融市场、市场机制作用没有充分发挥的问题，金融业长期处于“金融压抑”状态，这使发展中国家金融制度落后、效率低，不利于经济的增长。因此，麦金农和肖认为金融自由化就是针对金融抑制现象，通过改革金融业，减少政府的干预，放松金融机构和监管的限制，确立市场机制的配置作用，以达到提高金融业效率、推动经济增长的目的。此后卡普尔（Kapur）、威廉姆森（Williamson）、马西森（Mathieson）等经济学家不断丰富金融自由化理论。虽然金融自由化没有形成统一的概念，但是金融自由化内容主要大致可以划分为金融价格、业务的自由化、资本流动的自由化、金融市场的自由化四大部分，其中外资银行自由进入是金融市场自由化的重要内容。

金融自由化得到国际货币基金组织、世界银行的积极支持和推广，而且对中东欧、拉美等新兴国家的金融改革产生重大影响。但是，20世纪80年代拉美国家金融危机的爆发和90年代亚洲的金融危机，给这些积极推动金融自由化的国家带来巨大灾难，因此一些学者开始反思金融自由化，典型的理论有“新结构主义”和“金融约束”理论。

金融结构理论的代表有温基伯格（Wjnbergen）、泰勒（Taylor）和布菲（Buffie）。他们认为，发展中国家金融市场存在明显的二元结构——正规信贷市场和非正规信贷市场。正规信贷市场为具有现代意义的金融市场，非正规信贷市场为场外落后的金融市场。因为正规信贷市场的法定准备金要求会产生资金漏损，而且资金效率也低于非正规信贷市场，所以金融自由化后，资本由非正规市场向正规市场的流动会导致可贷资金量的减少和资金运用效率降低，因此不利于金融业效率的提高。

斯蒂格利茨（Stiglitz）是金融约束理论的主要代表。他通过一系列论文对金融自由化理论进行抨击。该理论认为金融市场的信息是不完全的，因此通过竞争无法达到帕累托最优。相反，政府对金融行业的干预会为金融部门和生产部门创造寻租的机会，而租金的产生可以规避道德风险和逆向选择问题，因此政府的金融市场准入限制会改善金融业的市场绩效。

无论是金融自由化，还是新结构主义理论和金融约束理论，各派理论争论的实质其实是对于金融自由化应该以怎样的速度、政府在金融自由化中应发挥怎样的作用这两个问题回答的分歧。金融自由化理论认为政府的过度干预会产生金融抑制的负面效应，阻碍经济的发展。金融约束论认为政府对利率和市场的限制是有效的，政府的指导性贷款计划能够促进资金合理流动。新结构主义一方面认为政府的干预使正规信贷市场无效率，不受政府管制的非正规信贷市场更有效；另一方面又否认金融市场的自由化。因此，新结构主义是“在赞同金融自由化的同时又反对金融自由化”[①]。随着各国金融改革实践经验的丰富，各派理论不断地修正和完善，对以上两个问题的答案出现趋同。金融约束理论提出，金融约束是一种动态的政策工具，金融深化的程度不断加深，金融约束的水平也随之降低，最终向“金融自由化”方向转变。金融自由化理论的支持者也肯定政府适度干预的必要性，麦金农在借鉴拉美国家金融自由化实践失败的教训和其他学者批评的基础上，对金融自由化理论进行修正和完善，加入了金融控制的思想，即发展中国家在金融自由化的过程中要注意保持适度的节奏，应采用渐进的改革方式。

二、产业组织理论中的外资进入效应

产业组织理论是外资进入竞争效应的主要理论依据。产业组织理论起源于微观经济学中的厂商理论，主要是为了解决“马歇尔冲突”——特定产业中企业的规模经济与企业竞争两者间如何实现合理的平衡，以获得最大生产效率——而产生的。马歇尔（Marshall）、张伯伦（Chamberlin）和罗宾逊夫人（Roberson）是产业组织理论的开创者，使该理论从微观经济学中分离出来，成为一门独立的学科。产业组织理论从创立到现今，市场结构、市场行为和市场绩效一直是其主要研究内容，对市场绩效与前两者关系的理解不仅是产业组织理论学派划分的重要依据，而且与东道国政府对外资绿地进入的态度密切相关。

（一）哈佛学派：结构主义

哈佛大学的梅森（Mason）教授和其学生贝恩（Bain）建立了哈佛学派的SPC分析框架（分析范式）。哈佛学派的产业组织理论以新古典学派的价格理论为基础，基本逻辑为“市场结构—市场行为—市场绩效—产业组织政策”。

在哈佛学派的SCP分析框架中，产业组织理论由市场结构、市场

---

① 王洛林主编．全球化与中国金融［M］．北京：经济管理出版社，2010：32.

行为、市场绩效三个基本部分和政府的公共政策组成，其基本的分析逻辑是特定产业的市场结构决定该产业中企业的市场行为，企业的市场行为是市场绩效的重要影响因素，因此，政府为了提高该产业的市场绩效，关键是制定合理的规制政策以改变产业的市场结构，进而通过以上传导机制改变市场绩效。

市场结构是特定产业内企业间关系的特征和形式的描述，市场的集中度、产品的差异度和企业进入或退出壁垒是市场结构的决定因素。哈佛学派认为，当某一产业被一家厂商垄断或由几家企业垄断时，一方面在位企业可以凭借市场势力控制产品价格和产量，另一方面寡头企业因为数目少，容易达成合谋协议，因此，市场结构与市场绩效之间高度相关，市场集中度越高，市场绩效越差。在这一逻辑下，哈佛学派强增加在位企业的数量、禁止在位企业可能导致垄断的兼并行为，通过控制市场集中度来改善产业的市场结构，提高产业绩效。因为 SCP 范式更多地关注市场结构，所以又称结构主义。

（二）芝加哥学派：绩效主义

20 世纪 70 年代以后，SPC 分析范式受到越来越多的质疑。哈佛学派最大的缺陷是建立在经验研究的基础上，缺乏市场结构、市场行为和市场绩效三者间因果关系的理论解释。因为哈佛学派关于市场结构单项影响市场绩效的结论是在大量实证检验的基础上得到的，而统计指标仅代表市场状况的数字特征，所以很多学者认为市场结构与市场绩效的统计联系并不能代表两者经济上的联系，市场结构、市场行为和市场绩效之间可能并不是简单的单项传导关系，三者之间的关系错综复杂。在与哈佛学派的辩论中，发展起来多种理论流派，其中 20 世纪 60 年代末迅速崛起的芝加哥学派是最有影响的学派之一。芝加哥学派以新古典价格理论的长期均衡为基础，更加强调理论分析。斯蒂格勒（Stigler）、德姆塞茨（Demsetz）等代表学者相信市场竞争机制具有自我调节能力，经过优胜劣汰洗礼后生存下来的企业都是具有最优生产规模的企业，因此最优生产规模可以有多种形式，大型企业也可以是技术最优的企业。芝加哥学派认为寡头企业通过合谋获得高额垄断利润的现象只能在短期存在，当政府没有对市场进入进行管制时，高额利润会吸引新企业的大量进入，合谋协议将难以为继。因此，市场结构不是导致垄断企业高利润的原因，而是企业高的生产效率产生了高的企业利润，所以是市场绩效决定了市场结构。芝加哥学派建议政府不应该只关注市场结构的变化，应更关注市场绩效是否提高，反对政府的干预行为，支持企业自由进入和对外开放。因为芝加哥学派关注于市场绩效，所以又称为“绩效主义”学派。

（三）新产业组织理论：市场行为

新产业组织理论将市场交易理论、博弈论、信息经济学等引入产业组织理论，对产业组织理论产生重大变革。在新产业组织理论看来，市场结构不是外生给定的，市场结构和市场绩效都是市场行为的最终结果，市场行为会影响市场结构与市场绩效的关系。因此，新产业组织理论认为应重点关注市场行为的研究。首先，市场参与者通过市场行为反作用于市场环境，影响竞争者的预期，使市场的结构变动和对手做出的决策对自己有利，市场行为同时决定市场结构和市场绩效。其次，哈佛学派和芝加哥学派认为信息是对称的，而新产业组织理论认为在位企业与潜在进入企业相比，具有信息优势，因此在位企业可以采取掠夺性定价策略阻挠新企业的进入；同理，政府与企业间也存在信息非对称问题，因此政府采取激励措施有利于增强企业创新动机，提高市场绩效。所以新产业组织理论将研究重点转移到企业行为领域，而不是市场结构和绩效的研究，更加关注企业内部这个“黑匣子”的研究，而不是在产业间进行比较，因此政府政策的重点在于规范企业的竞争行为，而不是限制企业的规模。

任何一种理论都不可能得到所有学者的认可。芝加哥学派认为企业的市场份额（市场份额的大小反映企业效率的高低）是决定其绩效的重要因素，而不是市场的集中度，但谢泼德（Shepherd，1986）[①] 认为市场份额与市场集中度高度相关，因此无法将效率对绩效的作用同市场势力对市场绩效的作用分离开来，故哈佛学派和芝加哥学派的分析都不令人信服。

新产业组织理论也受到各界的质疑。新产业组织理论中重要的流派之一——可竞争理论，认为一个产业不需众多在位企业，只要市场为可竞争市场，即使该产业为自然垄断或是寡头垄断，潜在进入者的压力也可以迫使在位企业降低成本、注重创新，达到良好的绩效水平。可竞争理论假设新进入者预期在位企业不会对其进入做出反应，如果进入是小规模的、对在位者影响是微不足道的，那么这一假设是合理的；如果进入是大规模的，甚至有取代在位者倾向时，这一假设难以令人信服。如果放松这一假设，可竞争理论的伯川德—纳什均衡的结论就变得不稳定了。此外，外界难以得知企业行为的真实动机，因此政府难以鉴别在位企业是否采取不正当竞争行为[②]。

尽管学者们对市场结构与市场绩效间存在复杂关系达成共识，市场结构不是决定市场绩效的唯一因素，企业的行为决策、产业发展特征、市场环境等的影响也非常重要，但市场结构的作用仍不可忽视。理论方面，合谋的存在、可信的惩罚威胁、进入壁垒和沉没成本的不可忽视性使 SCP 范式中市场结构与市场绩效间传统的传导关系仍具有坚实的理论基础；实证方面，很少有实证研究表明集中度与企业获利能力存在负相关。

总之，产业组织理论已不在将市场绩效看作市场结构变动的直接结果，企业未来的预期，企业的生产、研发和广告决策行为，企业的内部

---

① 多纳德·海，德理克·莫瑞斯著，钟鸿钧、王勇等译．产业经济学与组织［M］．北京：经济科学出版社，2001：463；原文见 Shepherd，W.，Tpbon's q and the Structure – Performance Relationship：Commment'［J］．American Economic Review，1986，76：1205 –1210.

② 多纳德·海，德理克·莫瑞斯著，钟鸿钧、王勇等译．产业经济学与组织［M］．北京：经济科学出版社，2001：1003 –1008.

委托代理关系等也极大地影响了市场绩效，这些内容成为当今产业组织经济学的重要内容和研究方向。

三、内生增长理论中的外资进入效应

内生经济增长理论是解释外资进入外溢效应的重要理论基础。内生经济增长理论的主要代表有“干中学”理论、知识溢出模型和人力资本模型。

（一）“干中学”

阿罗（Arrow，1962）将“干中学”引入新经济增长理论，首次从外部性的角度解释了知识溢出对经济增长的作用。阿罗认为，生产和服务的经验能够转化为知识，每一个厂商的技术都是由整个经济中的“干中学”决定的，技术进步是资本积累的副产品，进而每个企业的技术由经济的总资本存量决定。新投资产生的知识外溢具有正的外部性，所以不仅进行投资的厂商可以在生产过程中积累经验以提高生产率，其他未投资的厂商也可以通过学习提高生产效率。因此，生产函数在社会层次上具有规模报酬递增的特点。

（二）知识溢出模型

罗默（Romer，1986）在阿罗“干中学”的理论基础上，将知识因素作为独立因素引入生产函数，并构建了知识溢出模型。罗默认为，知识不同于普通的商品，它的准公共物品特性（非竞争性和部分非排他性）使其具有正的外部性。因此，研发行为不仅为研发企业带来直接的经济效益，知识的外溢效应还能够使其他企业受益。巴罗和萨拉·伊·马丁（Barro，R. 和 Xavier Sola - Martin，1992）构建了包含“干中学”和“知识外溢”的简化内生增长模型，由于企业资本存量的增加导致知识存量的增加及知识的外溢性特征，得出了资本和劳动要素（K 和 L）在社会层次上报酬递增，因而在增长率上产生规模效应的结论。

（三）人力资本模型

卢卡斯（Lucas，1988）构建了以人力资本为核心的内生增长模型，认为人力资本是经济“增长的发动机”。人力资本指劳动者的技能水平，这种技能水平的提高将对经济增长产生内部和外部两种效应。技能水平提高的内部效应会提高劳动者自身的生产率，因为个体之间会相互学习，所以高技能会从一个人扩散到另一个人，从旧产品传递到新产品，从家庭的旧成员传递到新成员，导致所有生产要素的生产率都提高，实现规模报酬递增。

上述三个理论从不同角度解释了FDI的技术溢出效应。第一，虽然这三个理论对技术表现形式的认识上有所不同，但它们都认为技术变动内生于经济系统中。外商直接投资通常伴随着技术和资本的流入，因此为外资进入提升东道国全要素生产率提供理论支撑。第二，研发活动、人力资本之所以产生外溢效应，是因为其具有公共产品（或服务）的非竞争性、非排他性。提供公共产品（或服务）正是政府的职能所在，理论上东道国财政政策将会对经济增长和技术溢出产生影响。此外，政府的财政政策必须根据经济形势的发展变化进行调整，内生增长理论为东道国财政政策的优化提供了重要思路。

四、新制度经济学中的外资进入效应

20世纪60年代，以科斯、诺思为代表的新制度经济学兴起，虽然起步较晚，但在我国经济发展与革新过程中影响深远。新制度经济学侧重交易成本的经济学研究，认为制度之所以存在或者变迁是为了减少交易费用。新制度经济学包括产权理论、交易费用理论、委托—代理论、制度变迁理论等。

（一）产权理论

产权理论是外资通过参股、并购等非绿地方式进入对东道国银行业市场绩效产生影响的主要理论依据。产权理论认为产权的界定和保护可以解决市场失灵问题，从而提高资源的配置效率。科斯（Coase，1937、1960）是现代产权理论的奠基者和主要代表者。科斯在其经典文章《社会成本问题》（Coase，R. H，1960）中对传统理论提出挑战。新古典经济学家们认为搭便车、外部性、垄断等问题都是市场失灵的结果，因此解决市场失灵需要政府干预，但科斯认为政府干预不是解决市场失灵的唯一手段，市场失灵根源在于企业产权的模糊，当市场存在交易费用时，产权交易不能实现帕累托最优，所以明晰产权并对产权实施有效保护才是提高市场的运行效率的有效途径。科斯反对新古典经济学将企业视为“黑匣”的假设，认为交易成本是确定企业与市场边界的依据，当市场的交易成本低于企业内部的交易成本时，企业就成为市场的一种替代组织形式。

科斯的产权理论可以归纳为科斯三大定理，科斯定理强调了产权安排的重要性，提出了交易费用对制度安排的影响。科斯的贡献在于将人们的注意视线由交易成本为零的世界转向存在交易成本的世界，为人们提供了一种解决市场外部性的新思路和新视角，凸显了产权安排和产权保护的重要性。由于科斯本人没有对其观点进行明确的阐述，后来的学者从不同角度理解科斯产权理论，形成了不同的现代产权理论分支。

科斯之后有大批经济学家将兴趣放在了对所有制的研究上。德姆塞茨（Demsetz，1988）在科斯理论的基础上对产权作用做了进一步的解释，并由此对比了公有制与私有制的配置效率。德姆塞茨认为权利并不能完全地界定清楚，界定不清的产权则为“所有制残缺”。他认为产权有两个作用：一是产权的清晰界定会对产权所有者产生管理和维护财产的激励作用，以使产权带来稳定的跨期收入最大化。二是产权的清晰可以引导外部性向内部化的转换。产权安排可以通过个人的行动进行配置，或者通过合作行动进行配置。私有产权由于具有排他性的特征而能够以较低的成本把大部分外部性问题内生化；公共产权的单个人的生产成本由其他人共同承担，因此市场的外部性问题越严重，外部性内在化的成本也就越高。因此，私有产权与公有产权相比具有明显的优势，当社会的规模越大，合作的成本越高、代理问题也就越严重，通过私有制将外部问题内生化的效率越明显，因此在资源稀缺的市场上，通过合理配置产权，能够有效提高社会的分配效率。

还有一类学者从交易成本的角度解读发展了科斯的产权理论。威廉姆森（Williamson，1971）是交易成本理论的集大成者。威廉姆森认为科斯定义的核心为交易成本，并将交易成本区分为事前和事后两类。事前交易成本指交易双方在签订契约时发生的成本，如谈判成本、签约成本和履约成本；事后成本指当事人双方在签订契约之后，由于受未来不确定性影响，在未来发生的协议未能明确规定的或然事件发生后所产生的成本。产权界定和保护的根本目的在于减少交易过程中的摩擦，以降低交易成本。根据科斯定理，只要交易成本为零，资源配置就有效。因此，产权可以通过交易成本的降低来改善市场资源的配置。与威廉姆森持相同观点的还有斯蒂格勒（Stigler，1966）、张五常（1967）等学者，他们将企业内部的管理协调也用契约关系予以解释。以上学者对科斯交易成本的认识使交易成本经济学在20世纪80年代转向了企业组织理论。

（二）制度变迁理论

以诺斯（North，1981）为代表人物的制度变迁理论是新制度经济学的另一个重要理论。

制度变迁理论认为技术因素固然为经济的增长注入了活力，但如果没有一系列制度安排把技术创新的成果巩固下来，那么经济的可持续增长将不可实现；反之，如果制度供给者可以提供有效激励的制度，即使没有发生技术进步，生产效率也能大幅度提高，以保证经济的持续增长。产权制度、法律制度等一系列的制度安排，能够使制度体内的成员获得一些在结构外不可能获得的追加收入，或者获得成员的合法竞争方式。诺斯认为交易机会和成本由当前的制度安排决定，当外在性的变化改变了现有的经济条件及成本，就会产生新的潜在收入。然而，潜在收入在当前的制度安排下不可能实现，只有创新制度形成新的制度安排，潜在的收入才可能变成现实的收入，因此制度变迁在经济增长过程中发挥决定性的作用。

制度变迁理论认为制度是一种公共产品，“制度”这一产品同样有其需求者和供给者。制度的需求不是一成不变的，随着需求者理性程度提高以及外界环境的变化，不断有新的制度被需要。制度的供给要满足人们对制度的需求，但制度不可能无限供给，由于人们的有限理性和资源的稀缺性，制度供给也是有限的、稀缺的。当现有的制度供给与需求基本均衡时，制度是稳定的；反之，制度是非均衡的，就会发生制度的变迁。

将产权理论与国家理论相结合是制度变迁理论的亮点。在该理论中，国家不再是“中立”的，其行为选择决定着一国能否建立起合理有效的制度结构，以实现制度的顺利变迁，而国家行为决策的最终目标是效用最大化。一方面，国家确定和建立产权结构，形成竞争与合作的基本规则，以实现统治者的效用最大化——租金最大化。另一方面，国家通过提供公共产品或服务的方式降低交易费用，以实现社会福利最大化。然而，这两个目标存在持久的冲突，因此国家就这两个相互矛盾的目标进行权衡后的制度选择，将造成一国的经济增长、停滞或衰退。

虽然新制度理论仍然存在很多难以解释的盲点，但其理论的贡献也是毫无疑问的。首先，新制度经济学的产权理论对市场绩效研究的最大的贡献在于其改变了以往研究将产权视为外生变量，产权理论认为由于正的交易成本存在，企业在实现利润最大时，必须考虑产权安排情况，它是影响配置效率的内生因素。因此，产权理论使人们认识到产权的重要性。该理论及在其基础上发展起来的企业理论对发展中国家产权改革具有重要的理论指导意义。其次，政府作为国家机构的代理人，在制度环境和制度构建中具有比较优势。政府自上而下推出一系列改革措施的过程中，能否为效率更高的制度提供有利的制度环境、能否最终由更高效的制度代替原有制度，是该国经济实现增长的关键，这也为制度变革对外资进入效应产生影响提供了理论依据。

第三节　文献综述

一、银行业外资进入效应的影响

关于外资进入对东道国影响的研究，国内外已有大量的研究成果。一部分学者从理论上探讨了外资进入对东道国影响的渠道。理论研究一般基于垄断竞争模型和技术外溢效应的角度，探讨 FDI 对东道国产出和效率的影响。麦克杜格尔（Mac Dougall，1960）最早论述了外资进入的技术外溢效应。Mac Dougall 认为，外商投资能够提升东道国的产出和福利水平，并利用静态产出模型解释了这一进入效应产生的背后机理：外资进入后内外资企业间的劳动力流动使东道国企业获得了先进技术的诀窍，进而劳动边际产生水平增加。此外，外资的进入给东道国带来税收收入的同时，东道国企业也因为外商进入的竞争压力被迫采用更高效的技术，最终 FDI 促进了东道国福利水平的增加。Caves（1971）在前人的基础上总结了外资进入效应的类型：一种是外资进入后的技术转移带来的知识溢出效应，另一种是外资进入带来的竞争效应，即一方面使低技术水平的企业被挤出市场，另一方面在位企业被迫提高技术效率以应对外资企业的竞争。内生增长理论兴起后，很多学者从动态的角度探讨外资进入的效应。Grossman - Helpman（1991）构建了 G - S 南北贸易的内生增长模型。该模型假定南北两个国家的企业在不同质量梯队上展开竞争，北方专注于创新，南方则具有低成本的优势，并通过技术扩散效应对北方所有的产品进行模仿生产。模型结果显示，南北方的创新竞争可能带来两种均衡，一种为“有效率追随者”均衡，最终南北方厂商都从事创新活动，另一种是“无效率追随者”均衡，即只有领先者从事研究。与 Grossman - Helpman 的南北贸易模型不同，Walz（1997）首次构建了 FDI 机制的南北内生增长模型，以分析 FDI 进入对东道国产品质量的影响。研究结果显示，东道国 FDI 企业的比例越大，东道国产品质量升级的概率越大；东道国对外资进入的优惠政策，如对 FDI 财政补贴、降低 FDI 的税收等措施进一步增强外资进入的技术外溢效应。谢建国和周春华（2012）的三阶段博弈模型也得出类似结论。还有很多学者探讨了外资进入对产品种类（Borensztein 等，1998）、研发创新行为（Aghion 等，2004）、资金缺口（Chenery 和 Strout，1966）等方面的作用机理。虽然理论研究取得了不少成就，但是国内外文献更多地是从实证角度探讨外资的进入效应（Lu 等，2017；Stiebale 和 Vencappa，2018；诸竹君等，2020），然而研究结论并不一致，争议不断。

银行业外资进入效应的研究始于 20 世纪 60 年代。自 20 世纪 60 年代开始，国际贸易、资本国际投资增加，资本市场的全球化进程共同促进了跨国银行在海外市场的扩张，也促进了政策制定者和各国学者对银行业引资效应的关注。与 FDI 的研究现状一样，在银行业外资进入效应的大量研究成果中，并没有一致性的结论。下文对该领域的研究进行梳理。常用的文献分类法是按照外资进入的效应类型（积极或负面效应、技术溢出、研发创新等），或者根据东道国经济发展水平进行文献归类与梳理。基于本书的研究目的需要，我们将按外资进入的方式予以梳理。因此，外资进入对东道国市场绩效影响的已有研究可以分为两大类：一是绿地进入方式对东道国银行业市场绩效的影响；二是非绿地进入方式对东道国银行业市场绩效的影响。

（一）绿地进入方式对东道国银行业市场绩效的影响

各国银行开放的不同实践路径导致学术界研究的侧重点不同。早期外资进入我国的方式以绿地进入方式为主，因此国内关于绿地进入方式的研究非常多①。大部分理论和实证证实了外资以绿地方式进入有利于中国银行业市场绩效提高。例如，王美霞（2017）构建了包含政府、内资银行、外资银行的三方主体博弈模型，通过对模型的求解分析和数值仿真解释了中国银行市场上外资绿地进入的竞争效用作用机理，结果显示通过竞争效益和溢出效应，外资银行的先进技术、管理经验等正逐渐被我国商业银行所掌握。焦建东（2008）则基于中国实践数据，实证研究发现外资银行进入程度与银行业获利效率和营运成本呈互补关系，但外资银行进入总体上提高了银行市场绩效。郑磊和汪旭晖（2015）的实证研究结果显示，外资绿地进入提高了东道国银行的资本配置效率，促进了金融系统的稳定。常建新和盛秀婷（2014）的实证研究结果显示，外资银行的进入对国内银行在效率、盈利能力、盈利模式、风险管理等方面的表现都有显著的促进作用，我国银行业的银行收益与市场竞争度显著负相关。相关文献还可见牛芳（2012）和赵红等（2016）、申创和赵胜民（2018）、王路加和郭亚妮（2018）等的研究。

还有少部分学者的研究却得出相反的观点：黄宪和熊福平（2006）指出，中国商业银行的非利息收入率、税前利润率，管理费用都与外资进入同向变化，市场绩效的变化与外资银行市场份额占比在计量上显著，即中国银行业对外资市场份额更敏感，对外资机构进入数量不敏感；罗瑞丰（2019）的实证研究结果显示，外资银行进入对我国商业银行资产业务的影响曲线呈“倒U形”，即先是正面影响，达到峰值后转而产生负面影响，且与股份制银行相比，大型国有商业银行受到的负面冲击更大。刘晓春（2020）认为，外资银行由于规模、决策程序、本土化欠缺等原因，其在进入中国20年以来，并没有很好地发挥其在

① 根据《中华人民共和国外资银行管理条例》（2019年修订版）对“外资银行”的定义，可以推知我国所说的“外资银行”实际指通过绿地方式进入的银行，因此我国各类统计年鉴和相关研究文献中如无特殊说明，一般涉及“外资银行”的相关数据即绿地建设进入方式的银行数据。

产品创新、经营方式、人才培养等方面的示范作用，没能成为激活我国银行业市场的“鲶鱼”。

与中国相比，外国银行市场的对外开放力度相对较大。例如，中东欧经济转型国家在20世纪90年代初、银行危机之后加大对外开放力度，积极欢迎外国战略投资者参与并允许外资控股国有银行；拉美国家从80年代末开始大规模的银行私有化改革，随后在这些国家掀起了外资银行并购热潮；韩国从1997年的亚洲金融危机之后放宽了外资银行持有国内银行股份数额的限制，此后经过几年的并购，外资控制了韩国绝大部分全国性银行……因此在这些国家中，被外资并购或控股的银行机构占相当大的比例，所以国外学者采用广义的外资银行概念，即外资银行包括外商独资银行、外国银行在东道国的分行、外国资本通过合资和并购等方式获得实质控制权的银行机构。在这一背景下，国外大部分文献很少单独研究外资的绿地进入，而是将其与非绿地进入方式看成一个整体，以考察外资进入对东道国银行业的影响（如 Claessens 等，2001；Levine，2002）。

（二）非绿地进入方式对东道国银行业市场绩效的影响

国外对外资非绿地进入方式的开放比较早，特别是在东欧和拉美地区，外资以并购方式获得内资银行控制权的进入方式已成为外资进入的主要途径。因此，国外学者对非绿地方式的研究早于我国，研究成果也非常多。例如，Majnoni 等（2003），Williams 和 Nguyen（2005）对匈牙利、韩国和泰国等的实证研究发现，外资并购内资银行后能显著提高东道国的银行市场绩效；Mariassunta 和 Steven（2012）、Luo 等（2016）实证检验了金融市场开放程度与东道国银行绩效的关系，发现大多数情况下外资银行并购对当地银行间的竞争程度和银行效率会产生正向影响；金融市场开放程度越高，银行在成本优势和整体效率方面获得的收益也越好。Denizer（2000）、Clarke 等（2005），Malik 等（2016）的研究也证明了银行的股份制改造通常会改善银行效率，在东道国股份制改革中引进外资战略投资者能使市场绩效提高更显著、外资持股具有积极作用。

还有些学者对外资非绿地进入的积极效应提出了质疑，例如 Leea 和 Hsiehb（2014）认为，虽然全球优势假说在分析银行改革的影响时成立，但会增加东道国金融市场的不稳定。García - Meca 等（2015）研究发现银行绩效与国家多样化负相关，外资的非绿地进入会使董事会成员国籍多元化，这将抑制银行绩效的提高。

长期以来，我国对引进外资的参股方式管制严格，所以外资非绿地的研究起步较晚。随着政府对外资参股内资银行比例限制的放宽，外资参股内资银行越来越多。2003 年开始我国的研究由绿地进入方式开始转向非绿地进入方式。由于此前我国并不存在真正意义上的外资并购，且外资多以战略投资者身份入股内资银行，国内非绿地进入方式的研究大部分实为境外战略投资者的研究。内资银行，特别是国有银行，是否应引进境外战略投资者一直争议不断。支持者认为，引进境外战略投资者不仅可以增加银行资本，而且境外战略投资者关心被参股银行的长远发展，因此有动机提高被参股银行治理能力和技术水平。例如，吴念鲁（2006）、刘玲玲和李西新（2006）肯定了引入境外战略投资者对我国商业银行市场绩效的积极作用。李松峰和乔桂明（2010）、段军山等（2011）学者利用财务指标实证检验了外资参股的内资银行的绩效变动，结果显示外资参股对被参股的银行在资产收益率、净利息收入等方面有正向影响，但是影响程度是有限的。董燕和曹志鹏（2018）构建综合绩效指标的方法发现引进外资能够在一定程度上提高我国商业银行的效率水平，尤其是国有商业银行，但对其他商业银行的影响效果并不显著。王惠（2019）认为，外资战略投资从杠杆和盈利能力两个方面增强我国银行业的抗风险能力，其中城市商业银行稳定性对外资参股份额的变动更敏感，大型国有银行对外资参股最不敏感。张博（2017）从股权结构的角度解释外资进入效应，认为外资参股使内资银行的股权结构得到优化，强化了股权制衡度，改变了大股东决策方式。刘家松（2019）从治理结构解释外资参股效应，实证研究显示外资参股可以扩大董事会规模、增加董事会会议频率、更好地发挥非执行董事监管职能，显著增加银行的经营绩效。类似结论还可见尹继红（2006）、王相宁等（2017）的研究。

然而，随着近些年来外国投资者频频减持乃至退出我国银行业，各界开始对银行引进外资策略进行重新审视，不少学者认为外资参股积极效应并不存在。虽然非绿地进入的积极效应是否显著存在颇多争议，但是究其实质主要是境外战略投资者发挥积极作用的条件没有得到满足，因此并不是根本上对境外战略投资者作用的否认。下文依据境外投资者发挥积极作用所需的条件，将存有异议的研究结果归纳为以下三类。

第一类文献对境外战略投资者的行为属性提出质疑。一是对战略投资者入股动机的质疑。2008 年之后，境外投资者轮番抛售我国内资银行股份，使我国很多学者认为内资银行股权定价过低，低成本持股和股价的上涨增加了境外战略投资者向投机行为转变的动机，同时也吸引部分投机者以战略投资者身份入股内资银行（项卫星、李珺，2010）。赵红（2016）认为，战略投资者的持股目的不同，进入效果也会不同：如果战略投资者投资目的更多地停留在财务投资层面，则不会对内资银行的公司治理、生产方式等方面产生实质性影响，反而当战略投资者在获得财务收益后出现撤资套现的行为将不利于内资银行发展。二是从战略投资者管理决策类型的角度进行探讨，认为并不是所有的战略投资者都能提高内资银行市场绩效。如杨群（2007）认为战略投资者可分为消极的战略投资者和积极的战略投资者，后者有利于银行公司治理结构的改善，而前者在短期内不利于银行治理绩效的提升。积极型战略投资者主要目标是实现企业收入最大化或者是企业扩张的速度最大化，因此为了实现投资者或母公司的长远目标，不注重收益甚至不考虑亏损，短期内不利于银行绩效的提升；消极型的战略投资者属于风险厌恶者，更关注银行的净收益，因此这类战略投资者会倾向于加强监督经理的工作努力程度，以减少经营成本，有利于银行市场绩效的改善。

第二类文献重点探讨外资非绿地进入发挥积极效应的条件。东道国银行的开放政策制约了非绿地进入方式的积极作用。境外投资者改善东道国治理结构和技术转移的动力与入股份额和入股时间有关。然而，我国在 2018 年之前对外资入股不超过 20% 的参股比例的规定限制了外资的积极性，虽然战略协议保证了外资技术转让的执行，但国内很多学者认为“所谓的技术援助，不过是有关银行业务的入门培训和扫盲教育而已，核心管理技术很少涉及”（尹应凯，2007），因此战略投资者的积极效应被高估了。还有些学者从实证角度验证了外资入股与我国商业银行效率的相关性。傅利福（2014）利用综合网络 DEA 和倾向得分匹配方法（PSM）重新评估外资参股对我国商业银行经营效率的影响，结果显示虽然与大部分文献结论一致——外资参股提高了商业银行的经营效率，但传统研究显然高估了外资进入的这种影响。李世华、尹应凯（2012）对我国 2008 年之前引进战略投资的商业银行进入效应进行实证检验，发现外资进入的“引资”和“引制”效果显现，但“引智”效果不明显，甚至出现部分与预期相反的效果，因此战略投资的入股比例对外资进入效应的影响并不重要，战略投资是国内银行业的“改革触发器”，但不能替代国内银行的自身改革。王萍、杨万平等（2018）得出境外战略投资者持股比例与我国上市银行发展质量之间的关系是非线性的“倒 N 形”曲线，只有当境外战略投资者持股比例达到（20.16%）时，银行的质量才能达到最佳。方福前等（2017）也得出类似的观点，即外资持股并不是越高越好，当境外战略投资者持股比例达到一定水平时，随着持股比例的增加，内资银行效率反而有所下降。赵亮（2018）认为，外资入股与我国商业银行效率具有负相关性，虽然外资进入将使内资银行的产权结构得到很大的改善，但外资入股对我国商业银行盈利效率的改进并没有发挥预期作用。

第三类研究从产权理论有效性的角度对非绿地进入提出质疑。超产权理论认为，私有化产权与企业的治理结构未必呈正向关系，银行市场绩效主要与市场竞争程度有关，即产权机制在竞争机制这一“放大器”下，激励机制与银行治理的正向关系才能成立。因此，超产权理论在接受了产权理论的同时，更加强调竞争对市场绩效的作用。如超产权理论的代表学者占硕（2005、2006）认为，国有银行控股租金的存在使境外投资者有动机重新集中股权，所以引进境外投资形成的股权模式并不稳定，而且可能导致国有控制权的转移和效率的损失。此外，还有部分文献从东道国经济发展水平高低、金融服务产品差异、进入时间长短等角度进行诠释（Tacneng，2015）。

（三）绿地与非绿地进入效应的差异分析

目前，已有文献多为对绿地与非绿地中的一种进入方式的分析，即外资进入方式为既定的情境下，分析外资进入对东道国银行业市场绩效的影响。国外已有一些研究注意到外资不同的进入方式会对东道国银行绩效产生差异化影响。例如 Havrylchyk 和 Jurzyk（2006）利用中东欧265 个国家的银行数据实证检验了绿地和并购两种方式的进入效应，结果显示外资并购并没有提高并购后银行的利润。为何两种进入方式的进入效应不一致？Claeys 和 Hainz（2006、2007）认为，当外资银行和内资银行将拥有不对称的信息量时，外资的绿地进入方式可以产生竞争效应（the competition effect），而并购方式除了能带来竞争效应外，还对被并购的内资银行产生贷款组合效应（the loan portfolio composition effect），这两种效应都有助于东道国银行市场绩效的改善，并以此为假设前提通过数量模型和实证分析证明了并购方式更能增加贷款市场的竞争程度。虽然并购的竞争效应小于绿地进入方式的竞争效应，但是贷款组合的效应更强，因此可以提升东道国银行业的市场绩效水平；Tassel和 Vishwasrao（2004）认为外资银行的优势在于生产成本更低，而不是Claeys 和 Hainz 假设的甄别技术优势，并将外资进入方式的选择作为内生变量引入数理模型，以此推导东道国引入外资银行的进入方式选择准则：如果东道国政府以提高银行市场竞争程度、降低贷款利率为目的，那么应鼓励外资以绿地方式进入；如果银行市场的开放以增强内资银行盈利能力、提高行业的国际竞争力为目的，那么应选择并购的开放形式，但要注意对外资所并购的内资银行类型进行引导。Lehner 和 Schnitzer（2006）将进入效应差异归因于技术外溢效应的差异，东道国经济发展水平高低、金融服务产品差异、进入时间长短等各种因素都会影响外资的技术外溢效应。Miklaszewska 和 Mikolajczyk（2009）将外资进入效应区分为短期效应与长期效应，并利用 DEA 法对波兰的内资银行、外资银行、绿地进入的外资银行和并购进入的外资银行之间的绩效进行对比。研究发现，所有权结构（大银行、国有银行或是外资占主要股份的银行）在银行长期效率中起到重要作用，虽然外资进入在短期会增加波兰内资银行的营业费用，降低银行业市场绩效水平，但是长期来看，外资进入最终还是有利于波兰内资银行整体绩效水平的提高。

相对国外的研究，我国此类文献的数量并不多。有少部分学者在实证分析中同时引入外资绿地进入和参股方式，但并没有进一步辨析两者效应的差异。陈敏学（2010）是少数将“外资进入方式”作为银行市场绩效重要研究内容的文献，并实证检验了外资以绿地形式进入对中国银行业市场绩效影响的积极效应，而非绿地方式进入对市场绩效的影响不显著，但由于缺少理论支持，仅是在实证领域的尝试。尹应凯（2007）和张红军（2008）构造了外资银行两种进入方式下对东道国福利的影响模型，以阐述两种外资进入效应的差异。虽然这两篇文献并不是对银行市场绩效的研究，却是我国较早的在理论研究中区分外资进入方式的文献，并由此得出一些有意义的结论：以绿地方式进入东道国银行市场的外资银行具有较高的成本效率和技术转移效应，有助于提高东道国存贷款市场的总福利，相应的实证研究也验证了这一理论推理；以并购方式进入的外资银行由于受内资银行数量、东道国贷款违约率等众多因素的影响，对东道国银行业福利的影响不确定。郑少华（2013、2022）则是较早的以外资“进入方式”为视角，基于修正后的 Monti－Klein 古诺模型，从理论和实证两个方面研究外资进入对我国银行业市场绩效影响的文献。

二、“营改增”与银行业市场绩效的关系

“营改增”能否提高商业银行的市场绩效？已有研究主要集中于“营改增”后银行业的税收负担和盈利能力变化两个角度进行考察。

（一）“营改增”与银行业税负关系的研究

“营改增”将直接影响银行的税负水平，而税收负担是影响银行业盈利和安全性重要因素（季家友和吴金友等，2014），两者负相关（郭颖晨，2018）。那么，银行业“营改增”的减税效应是否显著？目前学术界对税负变化争议较大。

支持者认为，“营改增”会使商业银行的税收负担下降，有利于提高其经营绩效。这主要是因为：首先，“营改增”之前，营业税按照营业额全额征收，因此银行业既承担了营业税，又承担了增值税，重复征税问题突出，而“增值税”可以从根本上克服营业税的重复征税弊端（魏陆，2011；刘磊和车宁，2014）。其次，营业税具有高税率、宽税基的特点，且包含一些不应该作为税基的项目，如提供金融服务所消耗的投入物也被包括其中，因此在以营业税为主要流转税的税制框架下，银行业的税收负担过重。此外，营业税欠缺离岸金融业务的税收优惠政策，进一步加剧了银行业的税收负担，降低了国际竞争力，不利于银行业的发展（省正英，2013；熊鹭，2013；吴金友和龚晶等，2014）。最后，除了从理论角度阐释“营改增”的积极意义以外，还有不少文献从实证角度对银行业“营改增”的实践效果进行预测。如刘代民和张碧琼（2015）、中国人民银行广州分行课题组（2016）等运用数理模型和我国商业银行财务数据进行预测，结果显示，当“营改增”后增值

税的税率低于“均衡增值税税率”时，可以有效降低我国各类银行的税收负担水平。之后，随着政策实施的深入，实践数据的不断丰富，很多文献的检验结果显示“营改增”减税效应显著（杜莉和刘念等，2019；张超和许岑，2020）。

反对者认为：首先，从增值税的销项业务看，受市场竞争和外部金融政策制约影响，商业银行很难显著提高定价，使得银行的销项税额不能有效转嫁（马明，2015）。其次，从增值税的进项业务看，“营改增”后银行的免税范围业务收窄，加之银行在“营改增”实施前购买和发生的固定资产折旧和摊销费用、网点租赁费等项目无法取得增值税专用发票，贷款服务相关进项税额也不得抵扣（吴飞虹和吕荣福，2016），当销项税额不易转嫁、进项税额难以抵扣时，银行业税负不降反升。此外，也有相当一部分实证结果支持银行业流转税税负在“营改增”后呈上升趋势的观点（胡海生和王克强等，2020；张立兵，2021）。

（二）“营改增”与银行盈利能力的研究

一些研究显示：首先，“营改增”后，银行业税负整体呈现不升反降的现象，导致银行收入减少，拉低了银行的利润增速（袁庆禄和刘翠侠，2017；杨瑞娥和刘磊，2018）；其次，税制变革需要银行增加配套改革措施、适应财务管理模式的改变，以及调整业务模式和发展路径等，因此运营成本和管理费用的增加，进一步加重了成本支出（唐梅和赵媛媛等，2017）。

还有些研究认为银行盈利能力并没有下降：首先，“营改增”前期税负的上升是暂时的，随着银行对政策的不断适应，总体税负呈现下降收窄趋势，加之后期改革的深化、抵扣链条的不断打通，以及其他减税政策和减税配套措施的跟进，改革的红利将不断释放，盈利能力最终会不断提高（孙璐，2019）。其次，银行业的增值税要素设置是从经济实质出发，有利于不同形式债务融资方式税负的均衡，且得益于“营改增”实施初期交通运输业、建筑业等类实体经济的减税效应，使银行下游客户增多，因此银行的总体经营业务规模在扩大，盈利能力获得提升（李骏，2017）。

三、银行业市场绩效的评价

本书重点考察税制改革对外资银行进入效应的影响，且进入效应聚焦于外资进入对市场绩效的影响。国内外银行业市场绩效的研究大致分为两个方面。一是对银行市场绩效本身的研究。二是探究银行市场绩效的各种影响因素。前者的研究内容经历了从效益评价到效率评估的发展过程，而银行效率的研究又经历了“规模效率和范围效率→‘X－效率’”的发展历程。

（一）从效益的角度评价银行业市场绩效

国内外学者最早是从经营状况的角度评价银行市场绩效，即对银行业效益的测量。银行效益最初为利用财务指标法分析银行业的经营状况，近几年也有部分学者采用其他方法，如谢朝华和段军山（2005）、张路（2010）使用经济增加值法分析银行效益。虽然这些新的评价方法能克服财务指标法的短视性，特别是增加值法对银行利润的理解与经济学里的经济利润更接近，但是由于存在数据获得困难、有些指标难以量化等问题，经济学领域对银行业效益的评估仍以财务指标法为主，尤其是当以某一产业为研究对象时，财务指标数据容易获得的优势更加突出。

由前文的定义可知，效益是对银行经营成果和效果在数量上的描述和总结，生产和管理效率这些重要内容无法从效益指标中得到体现，特别是财务指标没有考虑长期绩效，因此研究银行效益的文献越来越少，更多学者转向银行效率的研究。然而，本书认为经营效果也是银行市场绩效的重要内容之一，将银行效益评价与效率测度相结合才能准确地把握银行市场绩效的状况。

(二) 从效率的角度评价银行业市场绩效

20世纪80年代后，学者们开始关注银行的效率评价，传统理论认为银行效率源于规模经济和范围经济，因此早期文献集中于对规模经济效率和范围效率的测度。如 Benston、Hanweck 和 Humphrey (1982)，Berger、Hunter 和 Timme (1993)，Clark (1996)，刘宗华 (2004) 等。

20世纪90年代以后，很多发展中国家推行金融自由化政策，使这些国家的内资银行不得不与西方发达国家的跨国银行展开激烈竞争，如何提高银行内部管理能力以增强东道国内资银行竞争力成为学术界讨论的焦点。此外，国外有些学者通过实证研究发现，“X－效率”才是金融行业影响效率的重要因素①，因此对银行生产效率的研究由规模效率和范围效率转向了对“X－效率”的研究。我国相关研究起步较晚，如陈敬学 (2004) 发现中国银行的“内效应”是绩效的重要决定因素；谢朝华和段军山 (2005)、王勇 (2008) 等都对我国商业银行“X－效率”进行了实证研究。

随着研究的深入，采用前沿分析法分析银行业效率已逐渐成为银行业市场绩效研究的常用方法。国内外文献中关于商业银行效率的前沿分析主要以非参数法的 DEA 和参数法的 SFA 为主。Sherman 和 Gold (1985) 首次将 DEA 引入银行业市场绩效的研究；郑鸣和张燕 (2004)、彭琦等 (2005) 等利用 DEA 法分析我国银行业的效率水平；刘芬 (2009) 等在 DEA 法中引入 Malmquist 指数，以使绩效指标动态化。SFA 早期使用的是道格拉斯生产函数，因为函数忽略了不同投入之间的相关性和产生弹性，因此近几年的文献以超越对数函数为主。钱蓁 (2003) 运用 SFA 测度我国8家内资银行的“X－效率”，并进一步分析了资本比例、所有权结构、银行业务占比等微观因素对“X－效率”

① Berger、Humphrey (1994、1997) 等证明规模经济或范围经济对总成本降低的贡献不超过5%，而“X－效率”可以使总成本节约20%。

的影响。Vo Thi 和 Vencappa（2008）采用超越对数成本函数实证检验了波兰银行外资进入对内资银行市场绩效的影响；吕品和文英（2010）采用超越对数成本函数对我国 14 家银行成本效率进行验证，发现股份制商业银行效率提高更明显；师荣蓉和徐璋勇（2011）利用超越对数利润函数分析陕西农村信用社利润效率的变动情况；邱兆祥和张磊（2007）将风险因素作为影响效率的重要因素引入超越对数利润函数，得出一个耐人寻味的结论：我国国有银行的利润效率优于股份制银行。

前沿分析法的优势在于能够从银行财务数据中发现潜在的信息，但何种前沿法为最优，这一问题在学术界一直没有令人信服的答案。因此，近几年来有部分文章将注意力放在剔除参数法和非参数法的局限性，以改善前沿分析法方面。如陈晓卫（2011）将因子分析法与 DEA 法结合，以改善因子分析法指标选取的随意性；孙秀峰（2006）、许晓雯和时鹏将（2006）同时采用 DEA 法与 SFA 法测度中国银行业的“X－效率”，探讨两种方法的差异；章上峰和顾文涛（2011）提出了一个介于参数和非参数法之间的超越对数生产函数的半参数函数，意在克服超越对数法参数过多、投入弹性不变的缺陷。

此外，还有一类文献研究影响银行市场绩效的各种因素。有些文献聚焦银行市场结构与银行市场绩效之间的关系，如 Grigorian 和 Manole（2002），刘志标（2004），何韧（2005）等；有些则重在讨论银行内部产权的变化是否有利于提升银行市场绩效，如 Miklaszewska 和 Mikolajczyk（2009）、刘伟和黄桂田（2002）、王聪和谭政勋（2007）等；还有相当数量的文献研究外资的进入对东道国银行市场绩效的影响，如 Gray（1981），Goldberg 和 Saunders（1981），Lensink 和 Hermes（2003），Kim 和 Lee（2003）等。外资进入是近年来研究的热点，也是本书的重点研究对象，因此在下文里，将重点说明学术界关于“外资进入”与“东道国银行业市场绩效”之间关系的研究成果。

总之，经过几十年世界各国学者的努力，相关领域的研究已经取得不小的进步。纵观来看，上述文献具有以下特征。

第一，由于各国银行业对外开放政策不同，所以各国学者的研究重点也不同，中国银行业对外开放过程的特殊性，造成我国学者与其他国家学者的研究内容存在很大差异。东欧、亚洲等其他国家银行市场的开放力度远远大于我国，非绿地方式具有容易进入、风险较小的特点，当这些国家为外资并购亮了绿灯后，非绿地方式在短时间迅速取代绿地方式，成为外资进入的主要途径，绿地进入方式逐渐退出舞台。因此，国外文献重点研究非绿地进入方式下的外资进入对东道国银行业市场绩效的影响，或者采用广义的外资银行概念，对进入方式并不加以区分。

纵观我国的研究成果，可以发现存在明显的分界线。首先，从时间维度来看，绿地进入方式是我国允许外资进入的最早形式，具有较长的历史，而非绿地方式起步时间晚于绿地进入方式十几年，因此我国学者早期多集中于绿地进入方式的研究。2003 年后，我国银行市场掀起了外资入股热潮，非绿地方式受到国内学者的重视，并出现“一边倒”现象。其次，从研究范围的界定来看，我国学者对两种进入方式的概念有明显的区分。这是因为非绿地进入在我国并不顺利，虽然非绿地方式在我国已有十几年的历史，但是我国不仅不允许外资兼并内资银行，而且对外资参股内资银行的份额有严格限制，在此制度背景下，非绿地方式不但没有取代绿地方式，甚至一度出现了倒退趋势，绿地方式的发展则相对稳定。两种方式“势均力敌”，长期共存。因此，我国的“外资银行”采用狭义的定义，文献研究的对象也有明确的界定，很少将两者“混为一谈”。

第二，从研究成果的时间轴来看，学术界对外资进入与东道国银行业市场绩效关系的研究经历了很长时间的“消沉期”。一方面，可能由于外资进入在制度上的限制，再加上金融危机过后外资争先抛股套利的行为，我们所期待的“鲶鱼效应”迟迟不见踪影，因此对该领域的研究热情减弱。另一方面，金融危机后学者们开始更多地关注外资进入与金融市场稳定性、银行风险等方面的研究（相关文献见陈思翀等，2020；陈旺等，2020；王帆，2020），因此研究外资进入效应的重点也发生了相应的转变。

2018 年以来我国推出了一系列进一步促进金融开放的措施，外资绿地和非绿地进入限制的取消，关于外资进入对中国银行业绩效影响的研究又重回视野。银行业所处的税制环境也不容忽视，由于增值税制度的设计能够嵌入经营主体各业务流程，因此对金融市场参与者起到间接引导作用，特别是与中国银行业“营改增”的税制改革叠加，是否会产生新的问题与变数，这些问题都值得进一步探讨和深入研究。从已有研究来看，“营改增”这一税制变动对银行绩效的影响也是热点之一，很多国内学者已从税负变化、税收筹划，财务表现和业务转变等方面展开了探讨，然而如何在“营改增”和进一步金融开放双重背景下重新审视外资银行进入的研究少之甚少。

根据上述国内外研究文献的评析，本书的切入点集中体现为以下三点：第一，基于现有研究对外资进入方式的忽略，本书将外资的“进入方式”作为影响东道国银行业市场绩效的重要因素之一，并区分为绿地进入效应和非绿地进入效应两大类。第二，将“营改增”政策与外资进入方式同时引入 Monti - Klein 古诺模型，从理论上阐述两种进入方式对我国内资银行绩效影响的差异，并为税制变革的调节作用给出经济机理解释。第三，为了保持与理论分析的一致性，本书在实证分析中引入两种进入方式的变量、“营改增”政策变量，利用我国内资银行的财务数据，从银行利润效率和效益两个角度，在微观层面检验中国银行业加入世界贸易组织以来外资进入效应及其税制调节机制的存在。

本章小结

本章的主要作用在于找到本书的切入点和研究的理论基础。具体包括：

第一，明确界定了中国银行业外资的进入方式（绿地进入与非绿地进入），详细分析了银行业市场绩效的含义（效率与效益的结合）。

第二，由于既有文献长期忽略了“外资进入方式”这一重要因素，本书将外资的“进入方式”作为重要研究对象之一。

我们将在后面各章从理论上揭示外资银行不同进入方式下进入效应的差异，并结合中国银行市场的税收制度变革，分析“营改增”政策对外资进入效应影响的理论机制。因为银行市场绩效包括效率和效益两个部分，相应的实证分析也将分别从效率和效益两个角度进行验证。

第三章　外资进入中国银行业的历程与特点

第一节　中国银行业对外开放历程

中国银行业对外开放始于20世纪70年代末。1978年，党的十一届三中全会拉开了我国由计划经济向市场经济转变的序幕。由于银行在我国经济建设过程中承载着向经济实体输送血液的重要功能，其体制必须与建设社会主义市场经济体系相适应，因此1979年以后，中国银行业开始了商业化、股份制改革、引进战略伙伴，并最终上市的市场化改革。

银行业的改革与我国经济体制改革路径一致，都是“体制外增量改革”模式，即在原有的计划经济体制内，保持国有银行垄断地位和产权结构下，逐步地引入竞争和多元化的股权结构，让市场机制在资产增量配置上发挥作用，以增量改革改变存量。因此，在增量的改革路径下，中国开放银行市场的过程是渐进的。改革伊始，为了满足我国经济建设的外资需求，外资银行先于其他金融机构获准进入我国银行市场。1986年7月11日，我国正式向关税和贸易总协定（GATT）申请恢复席位，在随后的谈判过程中，银行业对外开放的步伐进一步加大。2001

年12月，中国加入世界贸易组织（WTO），银行的对外开放政策不断深化、WTO承诺全面履行，银行业对外开放经历了从局部地区到全国范围、从外币业务到人民币业务、从外国居民到本国居民的循序渐进开放进程。回顾改革历程，按照外资经营业务范围的变化进行划分，中国银行业的对外开放大致可分为四个阶段：

第一阶段（1979—1993年），对外开放的初始段。1979年12月，日本进出口银行率先在北京设立代表处。1981年，在深圳设立的南洋商业银行分行成为中国改革开放以来外资银行成立的第一家营业性机构。1985年，国务院批准厦门、珠海、汕头和深圳四个经济特区银行业对外开放。1990年，上海成为继经济特区以外首个向外资开放金融业的沿海开放城市，之后中国银行业对外开放的地域范围逐步扩大，形成“经济特区→沿海开放城市→中心城市”的开放路线。截止到1992年底，外资银行已在13个城市设立了76家营业性机构，但是外资银行在经营业务方面存在很大的限制，客户对象和经营内容主要为外资企业和外国居民的外汇业务。

第二阶段（1994—2001年），对外开放的起步阶段。首先，外资银行进入中国的地域范围由经济特区、沿海城市和中心城市扩大到全国范围，外资银行可以在中国所有城市设立分支机构。其次，外资银行逐渐涉足人民币业务：外资银行可以加入全国银行间同业拆借市场；上海和深圳允许外资银行经营外资企业及境外居民的人民币业务，并允许两市的人民币业务扩展到江苏、广东、广西等地。

第三阶段（2002—2005年），WTO过渡期。2001年12月11日中国加入WTO，成为银行业对外开放的历史转折点。依据WTO协议，2002—2006年为中国银行业对外开放过渡期，在此期间各种开放措施陆续出台，为银行业平稳过渡提供了政策支持。首先，在过渡期内取消了外资银行外汇业务客户对象的限制。其次，外资银行经营人民币业务的地域范围逐步扩大，已由深圳、上海，大连、天津，逐渐放开到昆明、北京、厦门等全国20个试点城市；人民币业务客户对象也从外资企业和外国人逐步扩大到中国企业。最后，外资银行分行的资金要求降低，外资参股的限制进一步放宽，单家外资机构入股内资银行的比例从15%提高到20%。

第四阶段（2006—2017年），银行业对外开放由渐进式进入完全开放式的竞争阶段。2006年WTO过渡期结束后，按照加入时的承诺，中国全面开放银行业，外资银行人民币业务不再受到地域和客户限制，外资在华经营不再受到所有权、经营、设立形式和非审慎性的限制。基于此，2006年11月11日颁布了《外资银行管理条例》，对在中国注册的外资法人银行全面开放人民币业务，并且取消外资银行在华经营的一切非审慎性市场准入限制，在华外资银行可自由选择在我国境内设立分支机构的组织形式，也可将在华分支机构改制为独立法人银行。改制后的外资法人银行与内资银行遵循相同的标准，基本实现公平竞争。

第五阶段（2017年之后），深化金融对外开放阶段。2017年10月，中国共产党第十九次全国代表大会提出推动形成全面开放新格局，大幅度放宽市场准入，扩大服务业对外开放。2019年7月20日，国务院金融稳定发展委员会办公室发布《关于进一步扩大金融业对外开放的有关举措》，推出11条金融业对外开放措施，拉开了新一轮金融业对外开放的序幕。同年9月《外资银行管理条例》在2014年两次修订的基础上进行了第三次修改①。

与我国加入WTO初期时的银行业开放不同，此次开放在宏观背景、政策内涵、目标等方面均已发生较大变化。WTO时期的银行业开放主要在于引进国外战略投资者，完善公司治理机制，提升银行绩效，以扭转内资商业银行所面临的危机局面。当前的银行业开放，是在国际形势

① 资料来源：国务院令〔2006〕第478号《中华人民共和国外资银行管理条例》、国务院令〔2014〕第653号《国务院关于修改部分行政法规的决定》、国务院令第657号《国务院关于修改〈中华人民共和国外资银行管理条例〉的决定》、国务院令〔2019〕第720号《国务院关于修改〈中华人民共和国外资保险公司管理条例〉和〈中华人民共和国外资银行管理条例〉的决定》。

复杂、经贸摩擦持续升级、金融系统性风险增加的宏观背景下展开，开放的目的在于完善国内金融体系、补齐金融短板，以满足我国经济的高质量发展。

此次开放使外资银行在华开展金融业务方面基本实现了“国民待遇”，为外资银行在华发展提供新机遇。首先，对外资银行的业务限制基本取消。2019 年 5 月，银保监会彻底取消外资银行开办人民币业务审批步骤；同年 11 月，国务院下发的《关于进一步做好利用外资工作的意见》[①] 明确指出全面取消在华外资银行等金融机构业务范围限制。其次，外资持股比例上限已经放开，取消了外资投入入股不得超过 25% 的规定[②]，境外投资者将获得更高的自主权和话语权。最后，降低了银行业外资准入门槛，取消了外国金融机构来华设立外资法人银行和设立分行的总资产 100 亿美元和 200 亿美元的进入门槛，为规模较小但自身经营具有特色和专长的外国银行来华提供更大空间，有利于外资进入主体的多元化和金融体系结构的优化，以推动内资银行提升公司治理水平，创新金融产品，提高行业服务水平。

第二节 中国银行业外资进入特点

银行业的外资进入形式可以分为绿地进入和非绿地进入两大类。绿地进入方式又称新设方式。我国外资绿地进入方式有设立代表处、国外银行在华开设分行、独资银行或与中资共同设立合资银行、设立独立财务公司，其中后三种为独立法人形式。非绿地进入方式指外资参股与并

---

① 资料来源：国发〔2019〕23 号《关于进一步做好利用外资工作的意见》。

② 资料来源：中国银行保险监督管理委员会令〔2018〕第 5 号《中国银保监会关于废止和修改部分规章的决定》。

购模式。在我国，外资以境外战略投资者身份入股内资银行是非绿地进入的主要方式。以下就这两类进入方式分别论述我国银行业外资进入的情况。

一、外资绿地进入方式的特点

绿地进入是我国外资银行最早采用的进入形式。在我国，外资进入银行业的绿地方式为《外资银行管理条例》中规定的四种形式，即设立代表处、外国银行分行、外商独资银行和合资银行（见图3-1）。代表处是绿地进入的初级形式，也是成本最低、最容易采用的形式。由于代表处的业务范围受到严格的限制，一般不能接受存款，也不能进行放贷，因此对我国银行市场的影响力也是最小的。鉴于此，本书将不考虑代表处对银行业市场绩效的影响。外资银行分行是外资银行在华绿地进入的早期组织形式。它是外国银行母行的组成部分，不具有独立的法人主体，不能独立承担民事法律责任，其行为同时受母行所在国法律和我国法律制度的约束。与代表处相比，外国银行分行可以经营的业务比较广泛，但主要从事批发业务，其资金主要来源于母行，母行充当分行的最终贷款人。法人银行及其分行、附属机构具有独立的法律形式，其成立和经营受我国法律约束和监督。目前我国法人银行主要有外商独资银行、合资银行和财务公司三种。其中合资银行通常有两种形式，一种形式是由一家或几家境外金融机构与我国相关部门或单位共同出资，在我国境内新建的银行；另一种形式是境外金融机构通过购买内资银行部分股份后成为合资银行，采用此种方式成立的合资银行原则上属于非绿地进入方式。我国现存为数不多的合资银行多属于新建方式设立，且合资银行和财务公司是我国特定时期的过渡形式，由于中外合资银行与内资银行的业务流程及经营范围并非完全相同，不少中外合资银行改制为内资银行，因此合资银行不是本书的重点考察对象。外商独资银行是我国外资法人银行的主要形式。长期以来，外资在我国银行市场的业务范围方面存在多种限制，而外商独资是所有绿地组织形式中业务范围限制最小的组织形式，该形式可以从事人民币零售业务，如银行卡业务，因此外商独资银行成为有意进军中国银行市场外资的主要选择形式，也是目前银行业外资绿地进入方式采用的主要组织形式之一。由于外国银行分行与外商独资银行构成我国银行业外资绿地进入的主要组织形式，以下重点分析这两种形式。

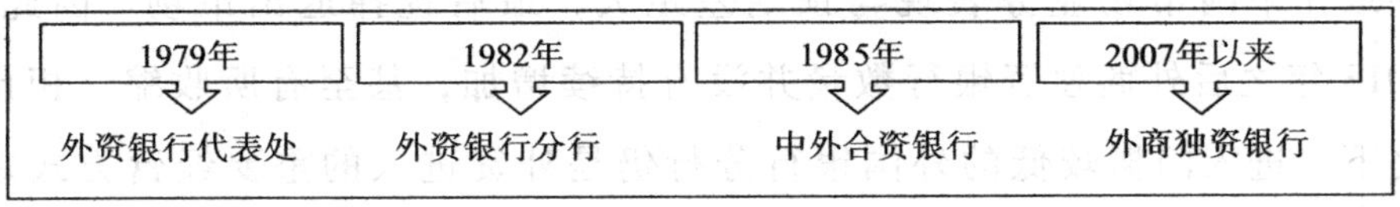

图3－1　外资银行在中国市场经营模式演变

总体来讲，绿地进入方式所占比例在我国逐年稳步上升。特别是加入 WTO 后，外资银行加速在华扩张。从 1979 年第一家外资银行代表处的设立开始，经过 40 多年的发展，外资银行无论是进入的规模、进入的范围，还是经营范围，都发生了很大变化。

第一，绿地进入具体方式发生变化。开放初期，我国银行绿地进入方式主要以代表处和外资银行分行形式为主。2006 年 11 月中国银监会颁布的《外资银行管理条例》鼓励外资采取法人形式。根据规定，外国银行分行只有通过转制成为具有法人资格的外商独资银行，才能获准经营人民币零售业务。具有法人资格的外商独资银行分行可在总行获准的业务范围内授权经营人民币业务，而外国银行分行除需满足开业三年、连续两年盈利，还需单家审批，因此前者更受外资银行青睐。在《外资银行管理条例》实施前，中国注册的外商独资银行和中外合资银行的法人机构共 14 家，其分行及附属机构有 17 家，而外国银行的分行有 191 家、代表处有 242 家。2007 年后，外资绿地形式构成发生质的变化。由于我国放宽外资银行设立外商独资银行的限制，很多外国银行分行通过法人化改制成为外商独资银行，外资银行法人化成为主要形式之一。如图 3－2、图 3－3 所示，2007 年外国银行分行数量急剧下降的同时，外商独资银行大幅增加，仅2007年一年，外商独资银行就增加了10家。2007—2012年间，外商独资银行平稳扩张，数量由14家增加到42家，截至2019年末，我国41家外商独资银行大部分成立于这段时间。

虽然相较于其他组织形式，法人化是外资在中国银行市场扩展业务的最优选择，但是外商独资银行在审批条件限定范围等方面仍然比较严苛。此外，部分外资银行进入后，水土不服、国际经营环境变化等原因导致在中国市场业务表现与预期差距大，最后选择退出市场。因此，2013年之后外商独资银行数量并没有持续增加，甚至有所收缩。相比之下，进入门槛较低的外国银行分行仍是外资进入的重要经营方式之一。然而，无论哪种组织形式，近年来在我国都处于较低水平的稳步发展状态。2019年之后，我国进一步放宽组织形式限制，允许外国银行在我国境内同时设立分行和子行。然而，就目前来看，大部分进入我国的外资银行如果成立具有法人地位的外资独资银行的话，一般不会再成立归属于母行的分行。

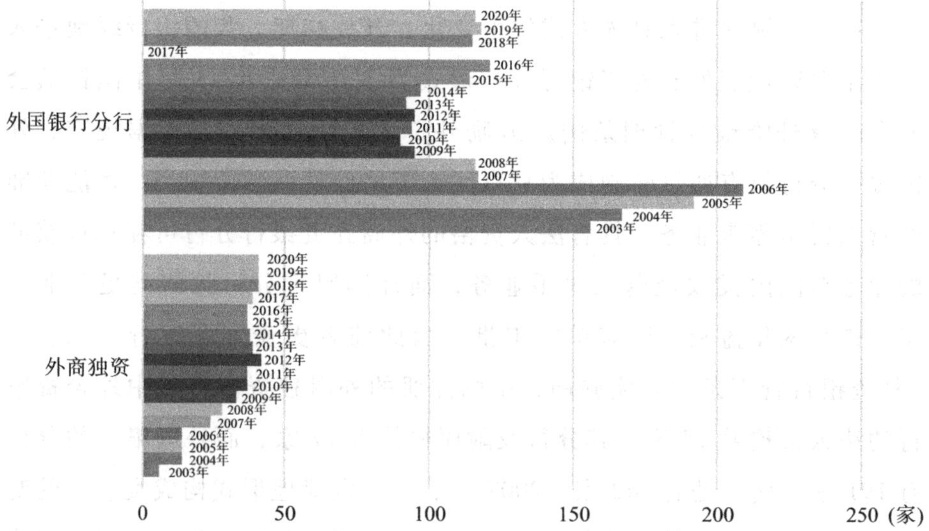

图3－2　绿地进入方式组织形式

资料来源：历年《中国金融年鉴》。

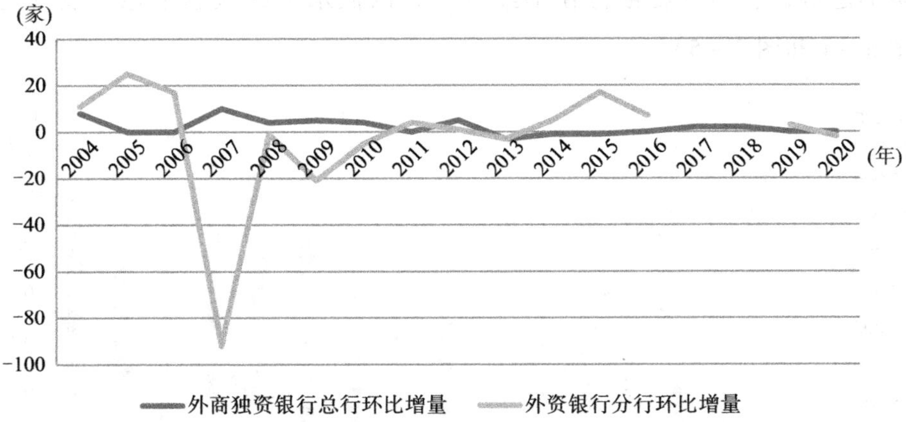

图 3－3　外资绿地进入增长速度

资料来源：历年《中国金融年鉴》。

注：2017 年之后由于缺少外资银行分行数据，外资银行分行环比增量数据缺失。

第二，绿地进入的规模增加，但增速缓慢。从绿地进入的机构数量来看，截至 2021 年底，来自 51 个国家和地区的外资银行在中国共设立 41 家外商独资银行、117 家母行直属分行、341 家外商独资银行直属分行、135 家代表处①。2001 年中国加入 WTO 后，更开放的市场环境吸引大批外资银行来华开拓市场。由图 3－4 可以看出，外资银行总资产绝对规模明显攀升，由 2003 年加入 WTO 初期的 3 969 亿元增长到 2018 年的 33 452 亿元，增长近 10 倍。从增长速度来看，外资进入一波三折。2008 年之前，外资扩张速度较快，之后由于受到 2008 年世界金融危机及 2010 年欧债危机的影响，进入步伐暂时停滞，总资产扩张速度急剧下降。随后，受益于我国宏观调控政策，全国经济状况好转，外资银行总资本规模有小幅上涨，但增长速度较慢。从总资产的相对规模来看，2018 年末外资银行总资产占中国银行总资产的比重仅为 1.24%，相较于 2007 年最高时期的 2.3%，不仅一直处于较低水平，还表现出份额下

① 资料来源：中国银行业协会外资银行工作委员会．外资银行在华发展研究报告 2021 [R]．北京：中国银行业协会，2022.

降的趋势，表明外资银行在华经营一直以低水平的状态平稳发展（见图 3－4 和图 3－5）。

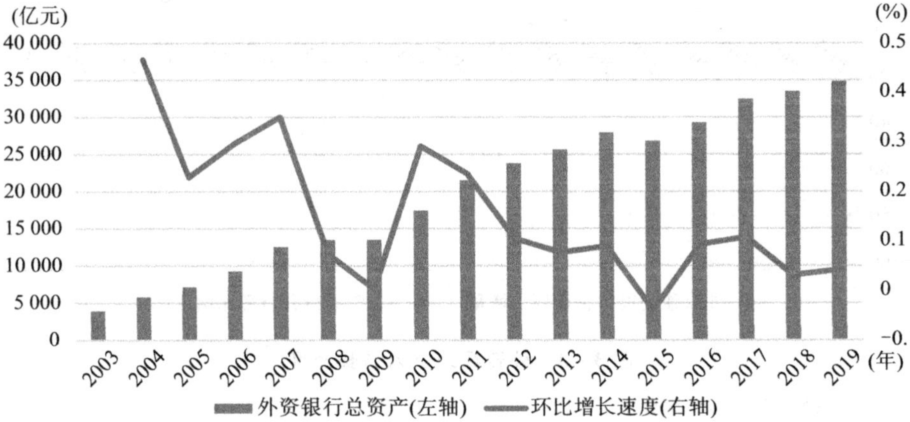

图 3－4　外资银行总资产情况

资料来源：历年《中国金融年鉴》。

注：外资银行总资产 2003—2006 年为境内合计数，2007—2018 年为法人机构合计数，单位均为亿元。

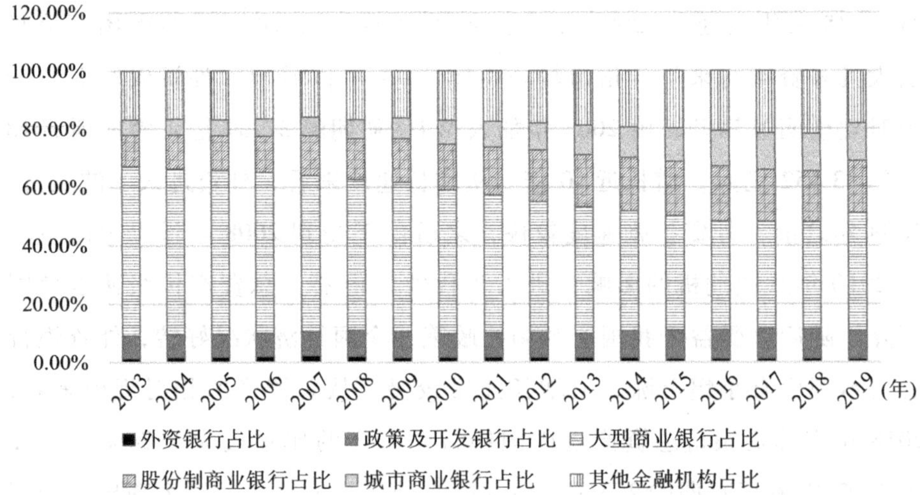

图 3－5　各类银行总资产占比

资料来源：历年《中国金融年鉴》。

注：外资银行总资产 2003—2006 年为境内合计数，2007—2018 年为法人机构合计数。

第三，外资绿地进入的地域范围扩大、业务品种和服务具有多样性。在业务地域范围方面，外资绿地进入已基本覆盖我国大部分区域。外资银行进入早期，其进入动机主要是满足为进入中国的外资企业而服务，加之我国对外资进入的经营业务和地域的种种限制，外资银行主要选择进入上海、深圳、厦门、北京等开放城市和重要区域城市。2006年中国银行业全面开放后，外资银行在进入动机和经营策略方面发生重大变化，此时追随客户已不是其进入的主要动机，扩大中国市场占有率、尽可能多地提高在中国的盈利机会成为外资银行经营的主要目的。因此，为了利润最大化，外资银行开始在我国全国范围“渗透”。截至2021年底，外资银行营业性机构总数已达929家，分布在69个城市，其中分行458家，几乎覆盖了全国各直辖市和省会城市①。外资银行分行数量的增加有利于其展开业务，但分行的分布极不均衡，外资银行在设立分行时，地区偏好仍然比较明显，更倾向于在经济发达地区与沿海地区展开业务，其中全国有46%的外资银行分行设在上海、广东和北京三个地区。

在业务范围方面，外资银行在我国已可从事多种业务，如存款、贷款、同业拆借、代理保险、发行金融债券等。2019年我国进一步扩大了外资机构业务范围，允许外资银行从事“代理发行、代理兑付、承销政府债券”业务，并将外国银行分行吸收单笔人民币定期零售存款的门槛降至50万元。

在业务类型方面，外资银行在传统业务上仍然保持优势，服务的客户类型由进入最初的外资企业扩展到中资企业，外资银行绿地进入方式的业务拓展已经取得一定成效。加入WTO初期，外资银行的理财产品多为“结构化产品”和合格境内机构投资者（QDII）代客境外理财的“正统”式产品，与内资银行“资金池”式的理财产品有明显不同，因

---

① 资料来源：中国银行业协会外资银行工作委员会．外资银行在华发展研究报告2021［R］．北京：中国银行业协会，2022.

此早期外资银行在理财产品市场上表现突出，在理财产品的运作上具有明显的优势，其发行数量总体呈增加态势。但是，随着内资银行理财产品的加速发展，外资银行理财产品的优势不再明显，市场占有率下降。从人民币非结构性产品的发行量看，外资银行的产品发行量约占全国发行量的1%①。然而，外资银行在QDII领域一直保持优势，截至2020年3月底，中国银行类机构共获得QDII额度148.4亿美元，其中15家外商独资银行及分行获得总计110亿美元额度，占比达到74%②。此外，外资银行在技术研发等方面也取得了一定成绩。截至2020年5月，共有4家外资银行在我国成立创新实验室③。

虽然2018年我国对外资银行给予“政策松绑”，以更好地激励其业务发展，但在个人业务方面，不少外资银行的发展并没有那么成功。2020年起，汇丰银行、花旗银行等外资银行在华个人业务逐步收缩。2021年花旗银行宣布计划退出在中国内地的个人银行业务。

二、外资非绿地进入方式的特点

2018年之前，外资在我国不能通过收购和并购方式控制我国内资银行④，因此外资进入我国银行市场的非绿地进入方式为参股模式，这是我国区别于其他国家的最显著特征。当外资参股者满足持股不低于5%且持续持有3年以上、入股中资同质银行不超过两家、向内资银行派驻董事，并提供技术和网络支持这五个标准时，外资称为内资银行的境外战

---

① 资料来源：根据每月发布的研究报告得出。
资料来源：刘银平．银行理财市场分析报告［R］．北京：融360大数据研究院．

② 资料来源：中国银行业协会外资银行工作委员会．外资银行在华发展研究报告2019［R］．北京：中国银行业协会，2020.

③ 四家外资银行分别为：渣打银行、德意志银行、东亚银行、华侨银行。

④ 2018年8月23日之前，《中国银监会中资商业银行行政许可事项实施办法》《中国银监会农村中小金融机构行政许可事项实施办法》和《中国银监会非银行金融机构行政许可事项实施办法》规定，单个境外金融机构及其关联方作为发起人或战略投资者，向单个中资商业银行、农村商业银行，以及作为战略投资者向单个金融资产管理公司的投资入股比例不得超过20%，多个境外金融机构及其关联方投资上述机构，入股比例合计不得超过25%。

略投资者，以境外战略投资者身份入股内资银行是外资参股的主要手段。

在中国尚未正式加入 WTO 之前，中国银行市场开发政策不明朗，投资风险大，因此仅有少数几家外资银行参股。加入 WTO 后，中国制定了明确的银行业对外开放时间表，此前持观望态度的外资金融机构争相与内资银行进行参股谈判，非绿地进入的步伐明显加快，但是与绿地进入方式相比，非绿地进入的进程并不顺利。由于长期以来参股是外资非绿地进入采用的唯一形式，而境外战略投资者是外资参股的主要手段，以下对外资参股中境外战略投资者进行分析。

目前参股内资银行的外资金融机构主体呈现多元化特点，从机构的业务类型来看，不仅有花旗银行、渣打银行这类知名的大型综合性银行和商业银行参与，还有投资银行、美国运通、基金公司等非银行类的金融公司，既有以营利为目的的金融机构，也有像亚洲发展银行和国际金融公司这类非营利性的组织；从地域分布来看，不仅有来自与我国文化相近的新加坡、韩国等的亚洲金融机构，还有来自西方发达国家的银行和机构。

从外资参股的时间段来看，总体上非绿地进入方式分为两个阶段。第一阶段为 2003 年银监会发布《境外金融机构投资入股中资金融机构管理办法》放宽外资金融机构参股约束，到 2008 年世界金融危机爆发之前，外资非绿地进程明显加快。第二个阶段为 2008 年之后。金融危机爆发之后，外资参股热情急转直下，内资银行股份在之前还是外资竞相争夺的“猎物”，现在却成为接连抛售的对象。无论是国有银行还是股份制银行，外资参股份额下降，特别是国有银行的参股份额降幅最大，外资近乎将持有的股份全部抛售，造成非绿地进入方式倒退的情况。一方面，因为金融危机的爆发，外资银行母行所在国家受到严重冲击，外资银行自顾不暇以抛股套现应对母行的资金缺口；另一方面，2009 年外资作为战略投资者购买的股票纷纷解禁，抛售这些股票可以获得丰厚的利润。以高盛为例，2006 年，高盛以 25.8 亿美元持有工商银行股权，2013 年将股权全部清仓，7 年间的 5 次减持使其最终获利逾

72.8亿美元，打破高盛全球盈利记录。这些外资战略投资者在中国的行为更像是投机者，不得不让人怀疑其是否是真正意义上的战略投资者。因此很多学者开始质疑中国银行市场是否应当推行非绿地进入方式（主要针对境外战略投资者）。

从外资参股内资银行的类型来看，其参股国有银行的份额低，持续时间短；参股股份制银行和城市银行的历史较长，而且参股份额相对稳定，是外资作为战略投资的主要对象。

首先，城市银行和股份制银行是外资最先入股的内资银行。1996年，亚洲开发银行率先入股光大银行。1999年，国际金融公司和汇丰银行紧随其后共同入股上海银行。2004年开始，外资参股热情高涨，民生银行、兴业银行和平安（原深圳发展银行）银行大量向境外银行转让股份，平安银行外资总股份甚至接近银行监管上线，达到24.98%。2006年外资平均参股份额最高，达到13.23%。此后，部分外资开始少量抛售股份。截至2020年底，渤海银行和宁波银行的外资战略投资者份额最大，超过18%。

其次，国有银行引进境外战略投资者始于国有银行开始股份制改造后，因此外资参股时间相对其他类型银行较晚。2005年最先完成股份制改革的中国银行和建设银行分别引进美国银行、荷兰皇家银行、淡马锡公司等作为境外战略投资者。从外资平均参股份额看，国有银行的外资参股份额明显低于股份制银行和城市银行，而且份额的波动幅度大。例如，美国银行2008年再次增持建设银行股份，持股达到所发行股份的19.13%，此时国有银行外资平均参股份额首次超过10%。但随后的2009年，由外资所持股份解禁，外资机构纷纷抛售股票套利，外资股份额迅速下滑。到2020年底，除交通银行境外战略投资者股份占比18.7%以外，其他四家国有银行的境外战略投资者均已退出[①]。

① 作者根据网络公开数据整理而得。

第三节　银行业外资进入的国际比较*

一、与发达国家和地区的比较

经济发展的差异使我国与发达国家和地区在银行市场的开放上存在较大差异。虽然发达国家和地区间外资进入程度差异较大，但普遍高于我国。

从资产规模看，外资银行进入程度普遍高于我国，其中欧美进入程度最高。欧盟2019年外资银行总资产占比达51.77%，美国2019年外资银行总资产占比为19.20%。随后几年外资进入有所减少，2022年美国这一比例降为12.63%，德国为20.25%，加拿大仅为2.05%。相比之下，我国外资银行总资产占全国银行总资产比例不足2%，外资银行在中国银行业的发展中只占有极少部分份额。

从机构数量看，外资银行进入程度也高于我国。2021年意大利的456家银行中，有81家为外资银行，占17.76%；德国银行机构数为1 442家，其中有9.78%为外资银行；西班牙226家信贷机构中有78家为外资信贷机构，占比达到34.51%；瑞典为27.27%。比较而言，我国4 602家银行业金融机构中，外资和合资银行只有41家，占比为4.87%。

综上所述，无论在资产规模还是数量上，我国银行市场开放程度都与发达国家和地区存在一定差异。除了进入制度的限制外，我国内资银行国际竞争力的不断提高也可能是导致我国银行业外资进入程度偏低的

---

* 除特殊说明外，本节数据主要来自中华人民共和国商务部、中国银行保险监督管理委员会官网。

重要因素。几十年来，得益于大力发展的民族资本对内资银行需求的持续扩大，我国内资银行快速发展。目前我国排在前20名的银行，已经连续多年进入全球“100强”银行名单，因此内资银行在决策机制、人才、认可度等方面的优势对进入的外资银行产生不可忽略的竞争压力。

此外，发达国家从未放松对外资银行的监管。以美国为例，20世纪70年代以来，美国日益强化对外资银行在准入及后续经营方面的监管，以保障本土银行的利益，且其监管法则始终坚持“美国优先”——优先保证本国银行的利益和保护国家经济安全。1995年到2003年，因受到亚洲金融危机、欧洲一体化进程的影响，美国进一步实行严格的准入政策。

二、与新兴国家和地区的比较

在金融全球化背景下，新兴国家和地区①于20世纪80年代开始金融体系改革，并逐渐取代发达国家成为外资银行投资的主场。作为新兴国家之一，我国银行业外资的进入方式既存在共性，又具有特殊性。

第一，新兴国家和地区政府对外资进入的态度都经历了由抵触到接纳的过程，但各国开放进程存在明显差异，比较而言我国银行市场的开放进程较慢。

20世纪80年代之前，大部分新兴国家和地区的银行市场长期禁止外资进入或者对进入的外资银行限制其发展。中东欧国家实施高度集中的计划经济，银行业长期受政府机构的干预和控制。亚洲的银行市场外资进入和发展也受到抑制。例如，印度尼西亚在独立后通过没收、接管或赎买措施将外资银行变为国有银行。1966年，该国虽然恢复了汇丰银行、花旗银行等11家外资银行的经营活动，但不再允许其他外资银

① 新兴国家和地区包括中东欧国家、拉美国家和亚洲新兴国家和地区。其中，中东欧国家泛指欧洲的前社会主义国家，由向市场经济过渡的转型国家构成。如匈牙利、波兰、捷克、斯洛伐克、斯洛文尼亚、保加利亚等冷战时期的中东欧国家，以及乌克兰、白俄罗斯等独联体国家。

行进入。在泰国，内资银行在政府的扶持下快速发展，挤占外资银行经营空间，外资银行的市场份额一直处于较低水平。我国在改革开放之前，中国银行业由中国人民银行一家银行高度垄断，私有资本和境外资本被拒之门外。虽然仍有汇丰、渣打、东亚和华侨四家外资银行，但经营业务非常有限。

20 世纪 80 年代之后，出于各种原因，新兴国家开始对外开放银行市场。在 1995—2009 年，新兴国家的外资银行数量增加了 74%，它们占有的市场份额大约翻了一番①，其中中东欧国家和拉美国家主要借助外资力量对国内银行进行重组，以及倒逼自身银行体系改革，因此这些国家对外资的接纳程度最高，银行市场对外开放进程较快。中东欧非独联体国家大部分选择了宽松的银行对外开放政策，其中匈牙利是开放进程最快的国家之一。1991 年匈牙利国家制度发生变化后，匈牙利政府鼓励外资以绿地方式进入国内市场，1998 年匈牙利政府开始鼓励拥有先进技术和管理经验的外资银行参与国有银行私有化改革，并全面开放外资银行分行形式。90 年代后期，受墨西哥金融危机的影响，拉美国家加大了金融部门的开放力度，外国银行和境外资本开始大规模进入。90 年代左右，亚洲新兴国家开始向外资开放国内银行市场。亚洲主要采用渐进式的开放模式。1997 年亚洲金融危机加大了银行市场对外开放的力度，不仅绿地进入方式的限制进一步减少，而且外资银行持股比例也放宽了，外资进入方式开始多样化。但是，出于对本国经济和政治稳定及安全的考虑，外资进入的限制仍然较多，开放程度偏低。与亚洲的其他国家相比，我国银行市场开放进程较慢，于 2006 年后进入全面开放阶段。

从政府对外资进入的态度上看，中东欧和拉美国家总体上一直欢迎外资的进入，不断深化金融开放，拉美国家是最早允许外资银行机构进

---

① Chen, M., Wu, J., Jeon, B. N., Wang, R., 2017. Do foreign banks take more risk? Evidence from emerging Economies [J]. Journal of Banking and Finance 82: 20 - 39.

入的地区；亚洲对外资进入更多地表现为犹豫不决。1997年，韩国、菲律宾、泰国等亚洲新兴国家为了摆脱金融危机的困境，加大了银行业开放力度，鼓励外资参与国内银行重组。然而，当金融危机消退后，保护民族产业、政府控制金融市场的需求增大，亚洲有些国家出现不愿进一步放宽外资进入条件或倒退的现象。在2008年的金融危机中，由于西方国家银行业受到沉重打击而东部亚洲国家的金融市场欣欣向荣，美国和欧洲也开始反思近70年来的监管政策。在2018年，欧盟拟实施IPU政策①，通过强化区域内的一体化、审慎性金融监管，对外资银行的监管更加严格②。经济形式的变化使包括我国在内的不少亚洲国家的学者对金融全球化的讨论又回到了“当地的银行部门应更多地还是更少地与世界资本市场整合”。

第二，外资银行的进入与东道国银行业的改革相伴而行，与东道国的经济和政治诉求紧密相连。20世纪90年代初期，大多中东欧国家对外资银行的进入保持抵触态度，试图依靠自身内部的调整来改善处于困境中的银行系统。然而，处于计划经济时代的中东欧国家，国有银行不良贷款金额太庞大，银行效率低下，通过自身改革困难重重③。因此，进入90年代后半期，中东欧国家开始引进外资，以缓解国内资本短缺、通货膨胀、经济转型和加入欧盟的压力。例如，匈牙利政府鼓励外资以绿地方式进入国内市场，希望外资银行对内资银行起到示范作用；1997年，波兰因加入经济合作与发展组织和欧盟的需要，银行市场进入全面开放时期。

拉美及亚洲新兴国家和地区则借助对外开放，通过引进外资克服经济危机。1994年，墨西哥金融危机爆发，巴西和阿根廷等拉美国家相

---

① IPU政策（Intermediate Parent Undertaking）指在欧盟设有2家及以上子银行或投资公司，且在欧机构总资产超过400亿欧元（含分行资产）的非欧盟金融机构必须设立欧盟中间母公司的要求。该政策于2019年6月7日正式发布，并于2020年12月29日开始执行。

② 张杰．欧盟拟实施IPU要求，外资银行监管更加严格［J］．国际金融研究，2019（01）：12.

③ 温馨．新兴市场国家银行业FDI的发展研究［J］．东方企业文化，2011（20）：40－41.

继受到冲击。为摆脱银行危机、抑制金融危机扩散，拉美国家鼓励外资购买陷入困境的内资银行，借此外资金融机构以并购方式大举进入拉美市场。例如，巴西银行市场的开放以清理无生存能力的内资银行、挽救经营效益差的银行、防止金融危机持续扩散为目的，规定外资必须通过收购或兼并经营不善的内资银行方可设立新的分支机构，并且对外资进入的主体进行严格筛选。中国的银行市场对外开放则是在社会主义市场经济的建设、银行股份制改革、加入 WTO 三大因素相结合的背景下进行的。

第三，新兴国家中，亚洲国家和地区外资进入程度较低，欧洲、中东及北非、拉美国家金融自由化程度普遍较高（见图 3－6）。

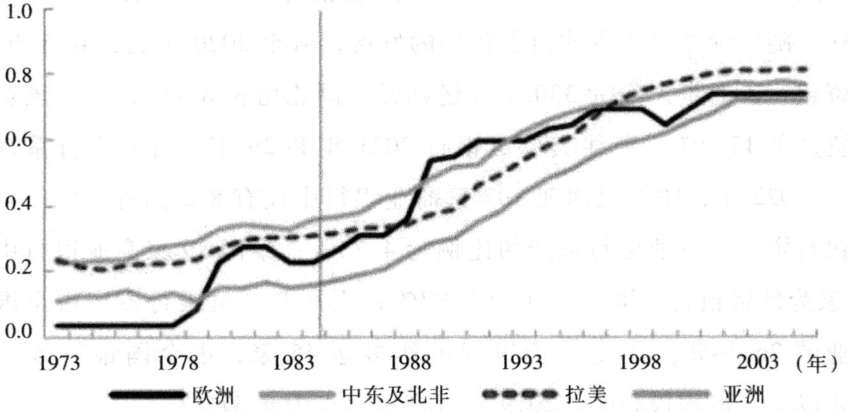

图 3－6 新兴市场金融自由化指数

资料来源：王涵，王铁君．日本金融开放中的历史经验与教训［EB］日中资本市场．［2018－8－29］．https：//mp. weixin. qq. com/s？ src－ ＝11&timestamp＝1629814808&ver＝3272&signature＝6pCGfDNkC－LIisp0M2neNPdUn6uXDKVEiSiQtlBRCwMm7YLaVEgaGPL8bH9m7zFId9EnsrtNNDctGqPmWPy4w8sE2n1Zp * vEwUk7C1WRZhuBttWqV1wOOqc7TRBhBC7C&new＝1.

中东欧国家外资进入程度最高。1995 年中东欧非独联体外资银行[①]数目比例不到 1/3，10 年后，这一比例上升为 2/3。例如，2011 年，乌

① 除中国以外，新兴国家和地区对外资银行相关数据的统计中包含了通过非绿地方式由外资控股的银行。

克兰和白俄罗斯的外资银行总资产份额不超过40%，俄罗斯不到20%；阿尔巴尼亚、斯洛伐克和匈牙利的外资银行资产总份额超过或达到90%；2019年，克罗地亚银行系统占外资银行的百分比达到90.35%；2020年，捷克外资银行分支机构占其银行业资产重比高达80%以上，格鲁吉亚外资银行的数量占商业银行数量的比重达到93.33%；2021年，塞尔维亚外资银行资产份额占银行业的比重达到79.02%。

拉美国家外资银行成为拉美银行市场的重要组成部分。2008年末，拉美国家外资银行机构数量平均占比48.8%，总资产占比39%。亚洲新兴国家和独联体国家虽然银行市场的开放程度最低，但也取得了一定的发展（见图3－7）。韩国2003年商业银行中外资持股比例以达到38%，随后绿地进入方式也有较快的发展，截至2020年底，共有36家外资银行，总资产约为330.1万亿韩元，同比增长8.1%，占全国银行总资产的17.2%。菲律宾外资银行2021年共29家，占菲银行系统的7%。2022年，印度尼西亚107家商业银行中仅有8家为外资银行，外资银行资产占商业银行资产的比例为4.73%；泰国29家商业银行中有11家为外资银行，资产占比为7.97%；土耳其外资银行资产占全国银行业的26.34%。印度外资银行虽然多达45家，占全国银行数量的50%以上，但规模较小，2019年资产规模仅为6.37%。

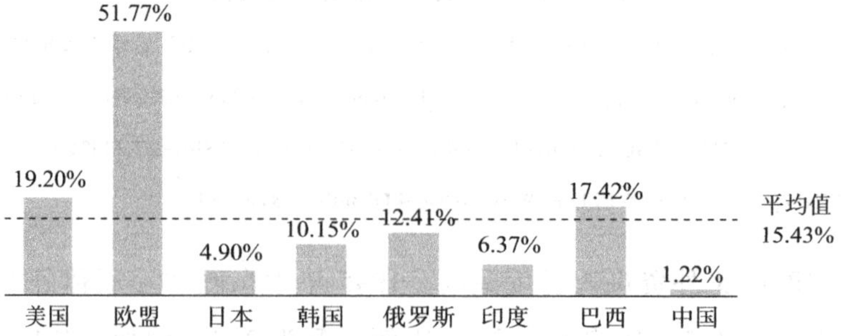

图3－7　2019年部分国家外资银行资产比例

资料来源：亿欧智库．外资银行在华发展研究报告［R］．北京：2020.

几十年来，我国银行市场对外开放程度不断深化，但总体来说，外资银行在我国银行体系中的比重仍处于较低水平。2018 年以来，银保监会批准外资来华设立各类银行保险机构 100 余家，2019 年外资银行总资产额为 3.37 万亿元，仅占全国银行业总资产的 1.22%，2021 年底外资银行总资产规模基本持平（3.73 万亿元），占我国金融业机构总资产（371.26 万亿元）的 1%。

第四，进入方式的特殊性是我国与其他国家外资进入的最大差异。外资进入方式受东道国开放政策的直接影响。例如，匈牙利银行市场开放早期，政府因担心外资进入造成国有控制权的下降不利于经济的稳定和发展，故规定外资参股内资银行的份额不得超过 25%，非绿地的发展受到限制。1991 年至 1994 年，匈牙利政府先后用政府债券冲销国有银行不良资产、向银行注资，这些措施不仅财政代价高昂，而且增加了银行“大而不倒”的预期，国有银行的治理结构并没有显著改善。因此，匈牙利政府意识到银行产权结构的重要性后，开始鼓励外资以非绿地进入方式参与国有银行私有化改革。与之相反，1997 年以前，波兰政府考虑到外资银行分行的监管难度大，担心竞争力相对较弱的内资银行在与外资银行的竞争过程中无法占优势，因此为防止“鲨鱼入缸”，长期禁止绿地进入方式，参股内资银行的非绿地进入成为外资参与国有银行私有化改革的主要形式。

整体上看，新兴国家外资进入方式经历了由开放初期绿地进入为主，到全面开放后并购方式为主的转变。当各国放宽或取消外资控股内资银行的限制后，成本和风险相对低的非绿地进入方式变成了外资的首选。开放程度较低的亚洲国家在 1997 年亚洲金融危机爆发后，为了摆脱国内银行业的危机和填补银行重组的资金缺口，也相继放宽了对外资非绿地进入的限制。然而，我国与越南等少数国家对参股的限制仍比较严格。因我国长期规定外资在内资银行的股份不得超过 25%，故 2019 年之前外资金融机构通过兼并和收购方式控制内资银行是被禁止的。绿地方式是中国银行市场外资银行进入的主要途径，所以我国对外资进入方式的限制使外资银行的进入效应不同于其他新兴国家。

本章小结

通过对外资进入的现状进行分析，本章将我国银行市场上外资进入方式的特点归纳为以下三点。

第一，中国银行业对外开放不断深化，外资绿地进入和非绿地进入两种方式都得到了快速发展，但与其他国家相比，我国银行市场对外开放度偏低。目前，非绿地进入的参股与绿地进入的外商独资银行是外资进入中国银行市场的主要途径。

第二，早期外资以绿地进入方式为主。从组织形式上看，绿地进入方式经历了由“分行主导”向“法人主导”的转变；从进入程度来看，外资绿地进入的机构规模和资产规模稳步增加，进入的地域范围不断扩大，业务品种和服务内容不断丰富。

第三，中国加入 WTO 之后，外资非绿地进入的进程明显加快，但发展并不顺利。在我国，外资参股是目前外资非绿地进入采用的主要形式。非绿地进入的外资主体具有多元化特征；外资参股国有银行的份额低，持续时间短；参股股份制银行和城市银行的历史较长，股权份额相对稳定。2018 年，外资银行入股份额限制的取消翻开了我国银行业扩大开放的新篇章。

第四章 中国银行业税收制度沿革与特征

第一节 银行业税收制度历史沿革

中国改革开放40多年，税制改革与对外开放相配合，经济发展不同阶段的诉求直接引领着税收制度的改革方向，税制变迁始终与经济发展一脉相承、一体并进。自1978年以来，银行业税收制度经历了以下三个阶段：

第一阶段：税收制度的早期构建（1978—1992年）

1978年，党的十一届三中全会中确立的改革开放政策开启了我国社会主义市场经济框架下税收制度的构建。

首先，为了配合“对内改革”政策，理论界对国有企业是否应当征税问题做出了充分论证后，全国开始实行“利改税”，国内税制开始构建。1982年8月6日，财政部发出《对银行征收工商税有关事项的通知》，决定从1982年7月1日起，重新对银行的营业收入开征工商税。根据规定，银行业的业务收入减去利息支出及业务支出后的差额为工商税的计税依据，适用 10% 的税率，之后为方便计算征收，改为以营业收入全额为计税依据，税率降为 5%，银行业免税时代终结。1983 年我国启动第一步“利改税”，国有企业由原来上缴利润，改为按国家规定缴纳税金[①]。从当年 1 月 1 日起，包括银行等金融机构在内的国有大中型企业均按照 55% 的税率缴纳企业所得税。1984 年开始第二步“利改税”和工商税制改革，开始征收国有企业所得税和调节税，将工商税按照纳税对象重新划分为增值税、产品税、营业税、盐税，新增了资源税、城市维护建设税、房产税、土地使用税和车船使用税，与银行有关的税种不断增多[②]。在此期间，银行机构由工商税纳税人转变为营业税纳税人，按照营业收入的 5% 征收营业税[③]。经过两次的利改税和工商税制的改革，中国银行业现代税制结构体系的基础初步奠定。

其次，为了适应“对外开放”要求，开始建立涉外税制。1979 年召开的全国税务工作会议专门研究了涉外税收问题。紧随其后，1980—1993 年，我国陆续出台了涉外税收政策。1980 年先后发布了《中华人民共和国中外合资经营企业所得税法》（以下简称《中外合资经营企业所得税法》）、《中华人民共和国中外合资经营企业所得税法施行细则》，首先解决了外资采取中外合资经营投资形式的所得税问题。随着我国开放步伐的加快，外资设立机构、独立经营或同我国企业合作生产经营的形式不断增多。对此，1981 年 12 月第五届全国人民代表大会第四次会议通过了《中华人民共和国外国企业所得税法》（以下简称《外国企业所得税法》），随后财政部发布《中华人民共和国外国企业所得税法施行细则》，此时外资设立机构，独立经营或合作经营的所得税问题也得

---

① 1983 年 4 月 24 日，国务院发出通知，批转财政部《关于全国利改税工作会议报告》和《关于国营企业利改税试行办法》；1983 年 4 月 29 日，财政部发布《关于对国营企业征收所得税的暂行规定》。

② 截至 1992 年底，我国工商税制共设 7 大类 37 个税种。

③ 1984 年 9 月 28 日国务院发布《中华人民共和国营业税条例（草案）》，同年 10 月 1 日开始执行。

以解决。《中外合资经营企业所得税法》和《外国企业所得税法》的颁布标志着我国外商投资企业税收制度的初步建立，但中外合资经营与外国企业适用不同的税收政策、税负不一致。与此同时，为了配合国家对外开放经济战略，吸引外汇资金、改善对外资企业的金融服务能力，我国银行业也开始引进外资。1981 年 7 月，香港南洋商业银行在深圳设立分行，成为外资银行在中国内地设立的第一家营业性机构。1982 年 10 月，根据财政部税务总局对深圳分行征税问题的批复，该分支机构需要按照当时的工商税政策以 5% 的税率对业务收入缴纳工商统一税、按照《外国企业所得税法》规定的适用税率缴纳企业所得税，此时并没有针对外资企业的优惠税收政策。随后，为了扩大对外经济合作和技术交流，吸收外资，引进先进技术，政府开始颁布法规给予外商投资企业诸多优惠政策。这段时间的外资税收优惠政策主要体现在特定地域和特定领域。

1984 年与 1985 年国务院分别发布了《关于经济特区和沿海十四个港口城市减征、免征企业所得税和工商统一税的暂行规定》《关于中外合资建设港口码头优惠待遇的暂行规定》，在 4 个经济特区和沿海 14 个港口城市和港口码头建设领域，对中外合资经营企业、外国企业和个人实施税收优惠政策，降低了外资的企业所得税。1986 年，国务院颁布《关于鼓励外商投资的规定》。同年，为了贯彻该项规定，财政部、国家税务总局联合发布《关于贯彻国务院〈关于鼓励外商投资的规定〉中税收优惠条款的实施办法》，减征、免征了产品出口企业和先进技术企业的外国投资者的企业所得税。为了吸收境内外投资，加快海南岛的开发建设，1988 年又颁布了《关于贯彻执行〈国务院关于鼓励投资开发海南岛的规定〉有关税收规定若干问题的通知》，从营业税、企业所得税、增值税等多个税种给予外资优惠。这些优惠政策的实施标志着我国外商投资企业税收优惠制度体系初步形成。

以上税收优惠政策密集颁布对于维护国家权益、鼓励外商投资、扩大对外经济合作和技术交流、引进先进技术与管理经验都发挥了积极作用。对于外资银行来说，一方面，特区内外资企业的税率下降，减按15%的税率征收企业所得税，符合条件的企业还可享受免征、减征的税收优惠[①]。另一方面，外商在经济特区从事银行、保险业取得的收入按照3%的税率征收工商统一税；在经济特区设立的中外合资或外资银行，还可自开业之日起享受一定期限内免征的税收优惠。

然而，外资税收优惠政策的实施虽然使外资在中国得到了快速发展，但中资与外资企业的企业所得税税收制度存在适用政策不一致问题，尤其随着对外开放的继续推进，外资进入的形式、规模和渠道都有了很大的发展，原有不同外资形式适用不同税法的做法已经与客观实际不相适应。在此背景下，为了缓解所得税税制中的上述问题，我国于1991年4月第七届全国人民代表大会第四次会议通过了《中华人民共和国外商投资企业和外国企业所得税法》，原有《中外合资经营企业所得税法》和《外国企业所得税法》废止，至此我国实现了外资企业所得税税收管辖权的统一，外资银行按照该法规纳税。

第二阶段：税收制度的基本确立（1993—2012年）

1992年，我国宏观经济环境发生重大变革，为了解决中央财政吃紧、抑制经济过热与通货膨胀、尽快实现经济“软着陆”，1993年我国开启了价格、税收、财政和金融体制的配套大改革[②]。1994年正式推开宏观经济体制改革，其中同年开启的税制改革在此次经济体制改革中处于中心地位，其核心任务是实行分税制，改革和完善税收制度，这是新中国成立以来规模最大、范围最广、内容最深刻的税制改革，社会主义

---

① 从事服务性行业，客商投资超过500万美元，经营期在10年以上的，从开始获利的年度起，第一年免征所得税，第二年和第三年减半征收所得税；对特区企业征收的地方所得税，需要给予减征、免征优惠的，由特区人民政府决定。

② 1993年11月14日，中国共产党第十四届中央委员会第三次全体会议通过《中共中央关于建立社会主义市场经济体制若干问题的决定》。

市场经济的税制结构基本定型，此后的税制改革都是在此框架下的完善修补。此次税制改革以统一税法、公平税负、简化税制和合理分权为原则，具体税制调整体现为以下方面：

首先，统一企业所得税税率。1994 年 1 月 1 日起统一内资企业所得税[①]，国有企业、集体企业、私营企业、股份制企业等所有中华人民共和国境内的企业都按照统一的企业所得税条例征收所得税，改变了过去一直区分经济性质的做法。但是，银行等金融、保险机构不在此次适用范围内，仍然按照 55% 的税率缴纳企业所得税。1997 年为了进一步理顺国家与金融、保险企业之间的分配关系，促进金融、保险企业间平等竞争，国务院就金融保险业税收政策进行调整。此时，内资银行及其他中资金融保险机构的企业所得税率由 55% 下降到 33%，税负大幅下降[②]。

然而，企业所得税税制并没有实现彻底的统一，其中一个突出的问题是内资、外资企业长期税负不均。一是内资与外资的税率差异较大；二是税收优惠、税前扣除等政策存在外资企业偏松、内资企业偏紧的特点，因此内资企业在竞争中处于劣势。为实现企业公平竞争、提高外资利用效益，2007 年 3 月 16 日十届全国人大五次会议表决通过了新的《中华人民共和国企业所得税法》，从此中国告别了企业所得税“双轨”时代，实现了内资、外资企业的企业所得税制度的统一，并降低了企业所得税税率，此时包括银行在内的金融业的企业所得税税率从 33% 调整至 25%。

其次，调整营业税税负。金融行业除了主要涉及企业所得税以外，还涉及营业税。1993—2012 年，营业税税率经过多次调整，最终确定为 5%。1994 年 1 月 1 日，我国开始实行《中华人民共和国营业税暂行

① 资料来源：国务院令〔1993〕第 137 号《中华人民共和国企业所得税暂行条例》，1994 年 1 月 1 日起实施。

② 资料来源：国发〔1997〕第 5 号《国务院关于调整金融保险业税收政策有关问题的通知》。

条例》（以下简称《营业税暂行条例》）[①]，金融保险业仍按5%的税率征收营业税，但是增设了一些新的税收优惠。1995年1月1日起，金融机构往来业务暂不征收营业税；金融企业经营转贷外汇业务则以贷款利息减去借款利息后的余额为营业额计算征收营业税[②]。1997年1月1日起金融保险业营业税税率由5%提高到8%，同时给予经济特区内设立的外商投资和外国金融企业5年内免征营业税的优惠政策[③]。2001年国务院发布规定，从2001年起，营业税税率每年下调一个百分点，分3年将税率从8%降低到5%，即2001年1月1日起营业税税率由8%下调到7%；2002年1月1日起营业税税率由7%下调到6%；2003年1月1日起营业税税率下降到最终的5%。2008年11月5日，国务院第34次常务会议对《营业税暂行条例》进行了修订[④]，新修订的《营业税暂行条例》基本延续之前的脉络体系，但做出了部分调整，既简化了税制，也缩小了内外资金融企业之间的营业税税负差异。

综上所述，税收制度的基本确立阶段，建立了统一、简化和规范的新型税收制度，构建了银行业以企业所得税、营业税为主的税制结构，统一税收优惠政策，形成“产业优惠为主、区域优惠为辅”的新税收优惠体系。

第三阶段：税收制度的全面建设（2013年以来）

随着内外经济形势日益复杂，我国经济由高速增长阶段转向高质量发展阶段。为此我国做出了建设现代化经济体系的战略部署。针对传统税制结构中存在的诸如重复征税、偷逃税等很多不合理的问题制约银行

---

① 资料来源：国务院令〔1993〕第36号《中华人民共和国营业税暂行条例》。

② 资料来源：财税字〔1995〕79号《财政部 国家税务总局关于金融业征收营业税有关问题的通知》。

③ 资料来源：国发〔1997〕第5号《国务院关于调整金融保险业税收政策有关问题的通知》。

④ 资料来源：国务院令〔2008〕第540号《中华人民共和国营业税暂行条例》（修订版），自2009年1月1日起施行。

等服务业健康发展的问题，2012 年我国拉开了“营改增”的序幕。从 2012 年 1 月 1 日上海交通运输业和部分现代服务业领域率先开展“营改增”，到 2013 年 8 月 1 日“营改增”试点推广到全国，再到 2016 年 5 月 1 日全面推行“营改增”，银行业以所得税、增值税为税收主体的税制结构最终确立。2016 年 3 月 24 日，财政部和国家税务总局发布了《关于全面推开营业税改征增值税试点的通知》（财税〔2016〕36 号），对银行业“营改增”后增值税的纳税人、征税范围、税率等税收要素进行了规定，并明确了不征税项目、免税项目等特殊条款。2016 年 4 月 29 日，《关于进一步明确全面推开“营改增”试点金融业有关政策的通知》（财税〔2016〕46 号）对已有税收政策进行补充。

总体来说，“营改增”后金融服务的增值税政策在基本延续原营业税规定的基础上，对税目设置、免税范围等进行调整。首先，增值税将金融服务业的征税范围分为贷款服务、直接收费金融服务、保险服务、金融商品转让四大类。其次，银行业从事金融服务的税率由营业税的 5% 提升至增值税的 6%，即一般纳税人增值税适用税率（见表 4－1），且考虑到金融活动在交易性质、收益、成本等方面的差异，针对四大类征税范围分别规定了计税方式、优惠政策等。最后，“营改增”后更加强调交易实质，将交易形式不同，但具有相同交易实质的金融服务划为统一税目，适用相同的征税办法。特别是将原营业税政策规定金融同业往来利息暂不征收营业税，改为对金融同业往来免征增值税，体现了增值税在延续营业税税收优惠政策时对交易实质的注重。

表 4－1　银行业增值税税收政策规定

税收要素	具体规定
征税范围	1. 贷款服务 2. 直接收费金融服务 3. 保险服务 4. 金融商品转让

续表

税收要素	具体规定
不征税收入	存款利息收入
免税收入	1. 中国人民银行对金融机构的贷款利息收入 2. 国债、地方政府债利息收入 3. 金融同业往来利息收入
税率	6%
计税依据——销售：	
1. 贷款服务	以提供贷款服务取得的全部利息及利息性质的收入为销售额
2. 直接收费金融服务	以提供直接收费金融服务收取的手续费、佣金、酬金、管理费、服务费、经手费、开户费、过户费、结算费、转托管费等各类费用为销售额
3. 金融商品转让	按照卖出价扣除买入价后的余额计销售额

资料来源：作者自行整理。

第二节　中国银行业税收收入特征

中国银行业税收制度经过几十年的深化改革，实现了税种数量由少到多，征管安排由简到繁，税收职能由单一的财政收入职能到宏观调控等职能多元化发展。现行银行业的税收制度是在1994年税制改革基础上确定的，并随着“营改增”实践的深入不断完善。目前在我国的18种税收制度里，涉及银行业的税种主要有增值税、企业所得税、城市维护建设税、房产税、印花税、契税、城镇土地使用税、教育费附加、耕地占用税、土地增值税、车辆购置税、车船税、环境保护税13个税种。以下从税收规模和税收结构两个方面把握银行业税收特征。

一、银行业对财政收入的贡献情况

（一）银行业是我国财政收入的重要贡献者

1994 年分税制改革之后，我国银行业的税制体系和税收规模相对较稳定。金融业一直是我国税收的重要贡献者，银行则承担了金融业大部分税收（见图 4 -1）。2013 年开始，金融业宏观税负超过全国宏观税负水平，此后一路走高（见图 4 -2）。2016 年后，随着金融行业“营改增”的全面实施，金融行业的税收规模和税收贡献明显下降。从金融业税收的内部构成来看，与其他金融行业相比，银行业税收贡献相对稳定，2016 全面“营改增”对银行业宏观税负的影响小于其他金融行业（见图 4 -3）。2010—2015 年，银行业缴纳的税收收入不断增加，税收规模占全国税收收入比值由 2010 年的 5. 30% 上升到 2015 年的 7. 70%[①]。

我国金融业之所以税负较高，主要在于以下两点。第一，银行业相对于其他行业来说，利润总额和利润率较高，因此行业的税基较宽，税率一定时，企业所得税的税额自然较大。第二，一般来说，一个行业的实际税负往往与名义税负不一致，行业所适用的税收优惠越多，名义税负与实际税负之间的差异越大。我国针对银行这一特殊行业也出台了一系列优惠政策，然而在企业所得税计税规则中，银行业可以减计收入和加计扣除的金额相对小，应纳税额较大。在流转税计税规制中，“营改增”前营业税长期存在重复征税问题；“营改增”后对银行主要经营活动——贷款业务的进项税额扣除政策存在不对等现象，因此总体而言，银行业可以享受税收优惠等政策较其他行业较少，相对税负水平也较高。

（二）“营改增”政策对银行业税收负担的影响不明显

根据“营改增”政策，金融业原缴纳营业税的收入范围被纳入增值税金融服务业缴纳范围，并统一适用 6% 的税率。理论上，“营改增”

① 资料来源：历年《中国税务统计年鉴》与《国家统计年鉴》。

不仅可以避免营业税的重复征税，而且可以完善增值税抵扣链条，进而可以达到减轻税负、增强经济活力的目标。然而在实践中，有多种因素影响“营改增”对银行业的减税效力。一是“营改增”后金融服务根据不同业务类型实行差异征收，其中贷款业务的销售额为提供贷款服务取得的全部利息及利息性质的收入，并且贷款利息收入不得扣除任何费用全额征税，对商业银行来说，这意味着占据主要营业成本的存款利息支出不得作为进项扣除（见表4－2）。二是由于贷款服务仍是银行业的重要收入来源，而进项税额抵扣政策的限制使银行业可抵扣的进项税额太少①②③，这与银行税收统计特征相吻合，2016年、2018年我国银行业的税收贡献度不降反升，其中2018年达到10%以上（见图4－3）。

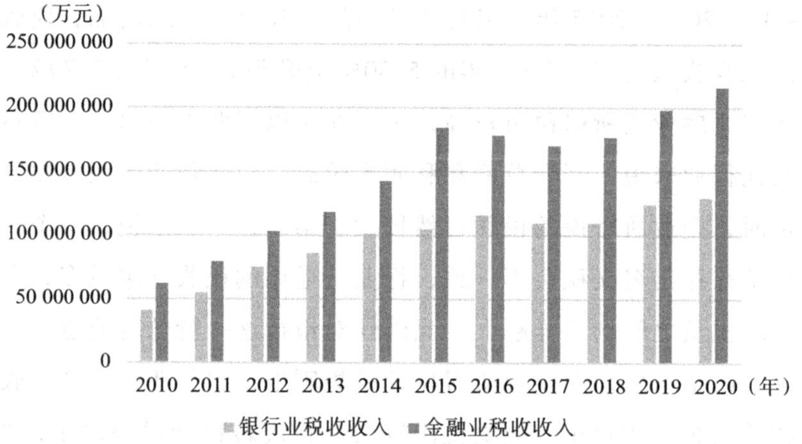

图4－1　金融业税收规模变化

资料来源：历年《中国税务统计年鉴》。

注：2016年、2017年银行业数据用货币金融服务代替。

---

① 袁庆禄，刘翠侠．银行业营改增政策存在减税效应吗？——来自国内20家上市银行的经验证据［J］．经济与管理，2017，31（04）：49－53.

② 吉黎，魏霁月．“营改增”后商业银行的税负下降了吗？——基于上市商业银行面板数据的实证研究［J］．上海金融，2018（12）：27－33.

③ 徐全红．营改增减轻了中国商业银行的税收负担吗？——基于16家上市商业银行数据的分析［J］．金融论坛，2019，24（07）：32－39.

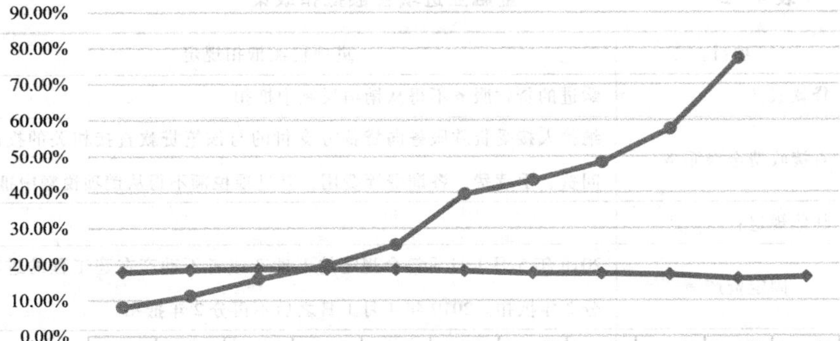

	2010年	2011年	2012年	2013年	2014年	2015年	2016年	2017年	2018年	2019年	2020年
金融业税负	8.07%	11.24%	15.87%	19.74%	25.33%	39.39%	43.26%	48.34%	57.59%	77.13%	
全国税负	17.76%	18.39%	18.68%	18.64%	18.52%	18.13%	17.47%	17.35%	17.01%	15.94%	16.38%

金融业税负 全国税负

图 4-2 金融业宏观税负变化（小口径）

资料来源：历年《中国税务统计年鉴》《国家统计年鉴》。

注：金融业宏观税负 = 金融业税收总额/金融业增加值；全国宏观税负 = 全国税收总额/GDP

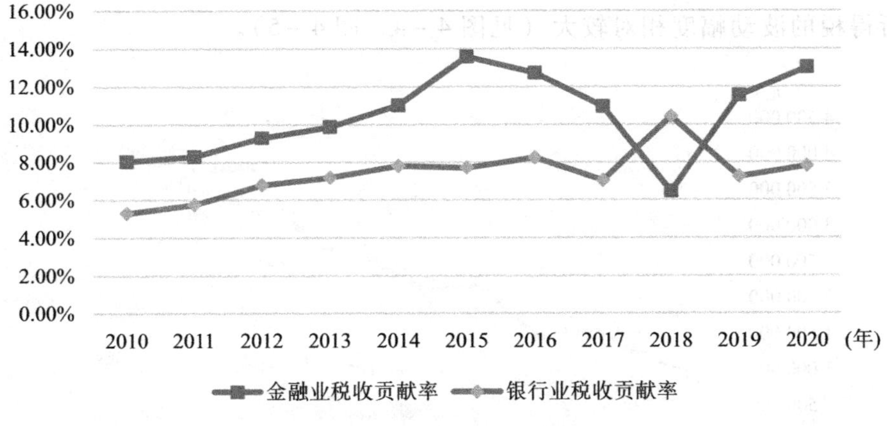

图 4-3 金融业税收贡献变化

资料来源：历年《中国税务统计年鉴》。

注：①2016 年、2017 年银行业数据用货币金融服务代替。

②金融业（银行业）税收贡献 = 金融业（银行业）税收收入/全国总税收收入

表 4 – 2　　金融业进项税额抵扣政策

项目	进项税额抵扣规定
贷款服务	购进的贷款服务不得从销项税额中抵扣
直接收费金融服务	纳税人接受贷款服务向贷款方支付的与该笔贷款直接相关的投融资顾问费、手续费、咨询费等费用，其进项税额不得从销项税额中抵扣
其他规定：	
固定资产	2016 年 5 月 1 日后符合规定的不动产或者不动产在建工程的进项税额分 2 年抵扣。2019 年 4 月 1 日之后不再分 2 年抵扣
其他相关支出	一般纳税人购进服务，取得专用发票的可以抵扣

（三）外资银行税收贡献不断增强

2001 年我国加入世界贸易组织以来，逐渐放开对外资银行在华业务的限制。多年来，外资银行不仅在经营地域、业务范围等方面有了明显扩展，对我国税收收入的贡献作用也越来越大。2010 年至 2017 年外资银行企业所得税增长了 4 倍，从增长速度来看，外资银行所得税增长速度与内资银行增长速度基本同步。但与内资银行相比，外资银行企业所得税的波动幅度相对较大（见图 4 – 4、图 4 – 5）。

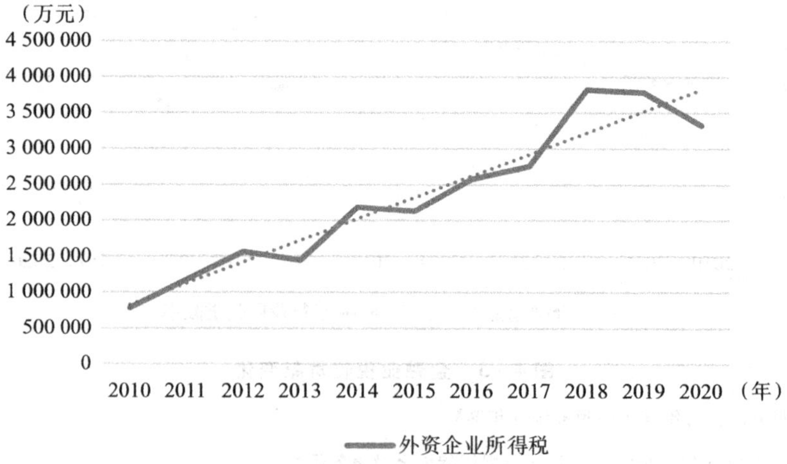

图 4 – 4　外资银行企业所得税增长趋势

资料来源：历年《中国税务统计年鉴》。

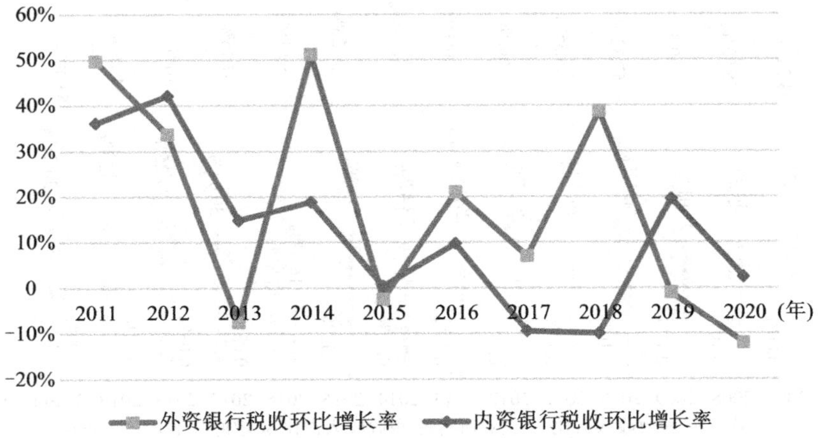

图 4－5　内外资银行企业所得税增长速度比较

资料来源：历年《中国税务统计年鉴》。

二、银行业税收结构变化情况

自我国银行业税收体系构建以来，企业所得税一直占据着重要地位。2001 年之前，营业税在银行业税收收入中占有绝对优势，2001 年开始连续 3 年降低营业税之后，企业所得税开始取代营业税，成为银行业第一税种。由图 4－6 可见，企业所得税在税收总额中所占比例一直维持在 50% 以上，高峰时期曾达到占税收总额的 61% 。

近年来，银行业除企业所得税外，其他税种的相对结构也在不断调整。

首先，营业税退出历史舞台。2016 年以后，流转税由营业税为主转为以增值税为主，营业税逐步退出历史舞台。2015 年以前，银行业以信贷业务为主，属于营业税征税范围，因此营业税是紧随企业所得税之后的第二大税种，营业税与企业所得税之和逼近银行业总税额的 90% ，而缴纳的增值税份额几乎为 0。2016 年“营改增”后，营业税份额迅速下降、增值税份额快速上升到占 13.81% 。2017 年以后，营业税退出历史舞台。

其次，小税种份额基本稳定。其他流转税，如印花税、房产税、城市维护建设税、个人所得税等虽然只是税种体系中的“小成员”、为主要税种的补充，在税收改革的进程中也在不断调整，例如印花税税率进

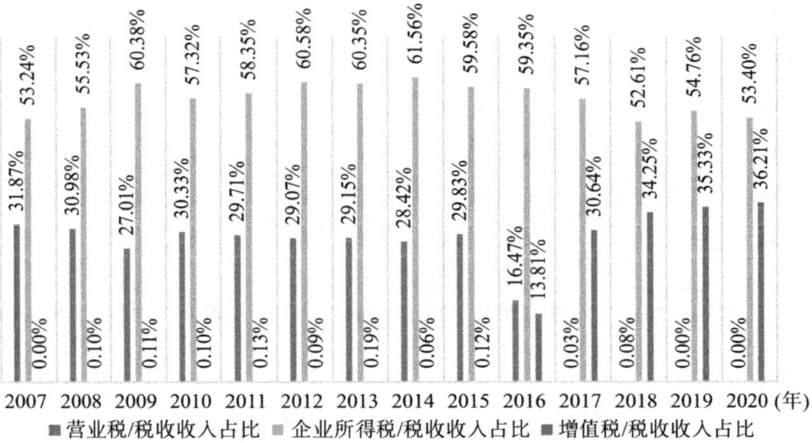

图 4-6　银行业主要税收收入变化

资料来源：历年《中国税务统计年鉴》。

注：①2016 年、2017 年银行业数据用货币金融服务代替。

②税收收入指银行业税收总额。

行过多次调整，税率先升后降，但总体而言，这些小税种规模不断增加，所占份额基本维持在 12% 左右。小税种的不断调整，有利于我国银行业税收体系的健全与完善（见图 4-7、图 4-8、图 4-9）。

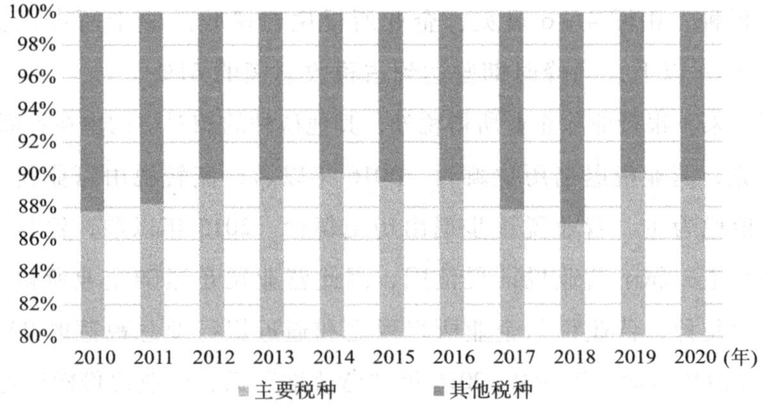

图 4-7　银行业税种构成情况

资料来源：历年《中国税务统计年鉴》。

注：①2016 年、2017 年银行业数据用货币金融服务代替。

②主要税种指营业税、增值税、企业所得税之和，其他税种指除营业税、增值税、企业所得税以外的所有税收。

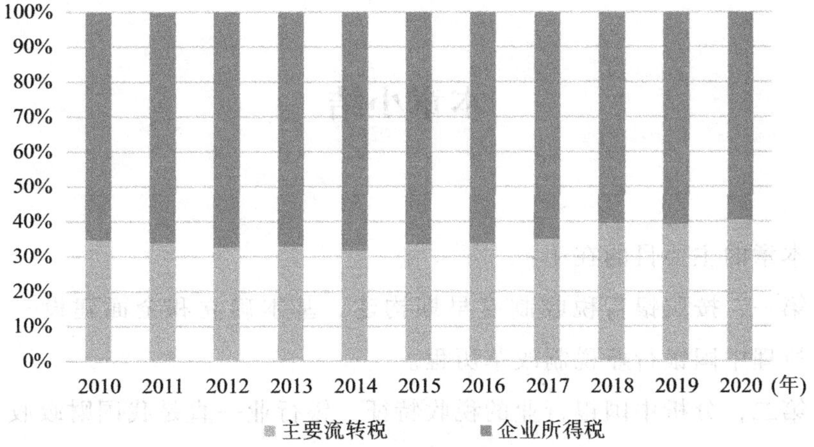

图 4-8 银行业主要税种构成情况 1

资料来源：历年《中国税务统计年鉴》。

注：①2016 年、2017 年银行业数据用货币金融服务代替。

②流转税/所得税 =（营业税 + 增值税）/企业所得税。

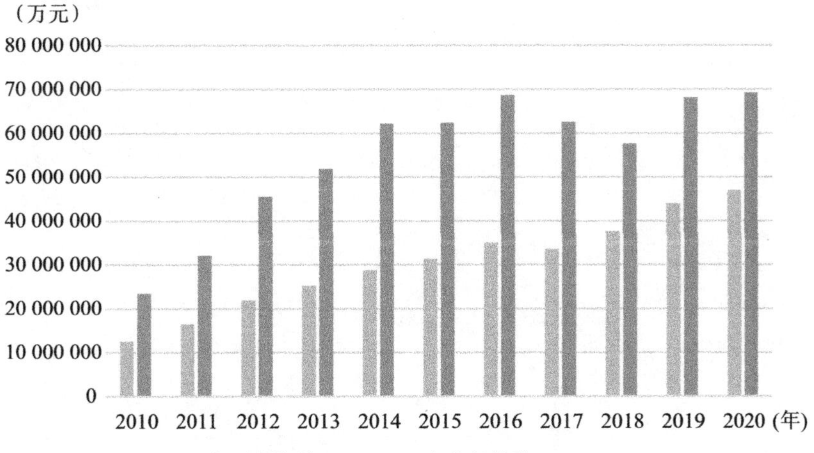

图 4-9 银行业主要税种构成情况 2

资料来源：历年《中国税务统计年鉴》。

注：①2016 年、2017 年银行业数据用货币金融服务代替。

②主要流转税为增值税与营业税之和。

本章小结

本章的主要目的在于：

第一，按照银行税收制度早期构建、基本确立和全面建设三个阶段，梳理中国银行业税制改革历程。

第二，分析中国银行业的税收特征：银行业一直是我国财政收入的重要贡献者；虽然外资银行税收收入波动比较大，但贡献作用不断加强；由于增值税根据银行不同业务实行差异征管，加之贷款服务仍是银行业的重要收入来源，“营改增”对银行业的减税效应不明显。

第五章　外资进入与“营改增”政策对银行业市场绩效影响的机理分析

不同于其他行业，银行业与生俱来的特殊性，决定了其对外开放的特殊性。

第一，外资与东道国政府的利益难以完全一致，而银行业在国民经济体系中具有牵一发而动全身的特殊地位，因此出于金融安全和稳定的考虑，中国银行业在引进外资过程中，政府对外资进入速度和程度的控制，以及进入方式的选择显得尤为重要。

第二，政府对银行业的影响大于其他行业，例如政府对外资进入者身份、持股比例的限制，以及政府股东对内资银行的广泛参与。

第三，银行业的开放过程与税制改革一直伴随而行，银行业税收政策变动关系到中国银行业能否与外资银行展开公平的竞争，且对银行业的经营模式与发展也产生重要的影响。

因此，在一般性行业外资进入研究的基础上，本书结合中国银行业的特殊性及税收政策的变化，对外资进入方式影响银行业市场绩效的内在机理进行深入分析，这也是本章的主要内容。

本章首先从理论上探讨两种外资进入方式如何影响中国银行业的市场绩效，即外资的进入效用，接着运用 Monti - Klein 古诺修正模型分析税收政策对银行绩效的作用机制，并在此基础上进一步分析“营改增”政策如何影响外资的进入效用。

第一节 外资进入方式对银行绩效影响机理分析

一、绿地进入方式的作用机理

东道国银行业对外开放的路径之一：允许外资以设立分行、合资银行、外商独资的方式进入东道国。改革者期望内资银行的绩效能随着外资进入的不断深化而提高。具体而言，绿地方式进入可以改变东道国银行市场竞争程度和产生技术外溢两个途径对东道国银行业市场绩效产生影响的情况。

（一）绿地进入的竞争效应

改革开放初期，我国商业银行脱胎于计划经济体制，行政垄断问题严重。一方面，私营部门和外资部门进入困难；另一方面，在位国有银行缺乏竞争。我国政府允许外资以绿地方式进入的最重要的原因之一是，通过外资的进入引入竞争因素，进而提高中国银行业的整体绩效水平。

绿地进入的银行既可以影响银行市场的现实竞争度，也可以改变潜在竞争度。市场竞争程度的增加会迫使在位银行不得不降低运营成本、提高管理效益、改善服务能力，以维持现有市场份额。

1. 改变东道国银行业的现实竞争度

产业经济学哈佛学派的 SCP 分析框架是外资银行进入与内资银行市场绩效正向关系逻辑背后的理论依据之一。SCP 分析框架刻画的是市场结构与市场绩效之间的传导关系，即“市场结构—市场行为—市场绩效”，基本思路是市场结构决定着企业行为，企业行为又决定着企业绩效。

银行市场结构指银行之间市场关系的表现和形式，是描述银行市场的竞争程度及价格形成等产生战略性影响的市场组织特征。银行市场行为是指银行在充分考虑与其他银行机构的关系和存贷款市场供求条件后，为了增加利润或提升市场占有率所采取的各种决策行为，包括存款和贷款利率的确定、新产品研发的投入、服务的质量及遏制现有的和潜在的竞争对手的行为等。

传统的SCP范式认为，市场势力的最终力量是市场结构。当银行市场由一家银行完全垄断时，银行可以凭借市场势力对存贷产量和存贷利率进行控制，以获得超额利润，成本控制的动机较弱，因此资源配置无效率。随着在位银行数量的增加，单位银行获得的超额利润逐渐减少，资源配置效率逐渐得到优化。因此，根据SCP的分析逻辑，外资银行以绿地方式进入通过增加东道国在位银行个数来优化东道国银行市场结构，进而提高了市场的竞争力，因此有利于东道国银行业整体绩效的提高。改革开放初期，我国银行市场高度集中，国有银行占有绝对优势。为了打破高度垄断的市场结构，我国政府开始银行竞争主体多元化的改革思路，股份制银行、城市银行陆续成立，外资银行进入数量逐渐增加，市场结构明显优化。

还有一类学者认为，银行市场现实竞争力的提高并不一定有利于市场绩效的改善。这些研究以芝加哥学派为代表。他们认为“有效结构理论”更适合银行业。例如，刘伟和黄桂田[①]（2002）认为，SCP范式不适用于银行业。首先，市场结构与市场价格的必然联系在银行市场中不存在。在利率非市场化情况下，利率由中央银行决定；在利率市场化的情况下，银行的定价行为受到银行之间的竞争、非银行融资体系的竞争、非银行企业的利润率和中央政府及货币政策这四个方面的约束，因此银行即使凭借高集中度获得市场势力，也不容易控制价格。其次，电子信息技术的广泛应用，可以使银行比其他行业更能获得规模效应，新

---

① 刘伟，黄桂田．中国银行业改革的侧重点——产权结构还是市场结构［J］．经济研究，2002（08）：3－11，92.

技术的投入需要的投资大，因此银行需要具有一定的实力。所以市场集中度的提高不仅不会阻碍绩效的提高，反而能获得规模经济和范围经济。

根据“有效市场结构”假说，垄断地位的银行使需要巨大资金投入的新技术投入成为可能，银行能够享受现代化技术带来的规模效应，因此集中度高的银行往往是市场绩效表现好的银行。我国加入世界贸易组织初期，占据大半市场的国有银行不良大款率居高不下，远高于股份制商业银行；即使贷款市场国有银行处于垄断地位，但其获利能力并没有占显著优势。虽然股份制银行市场绩效表现优于国有银行，但同样存在贷款风险控制水平低的问题，与发达国家存在很大差距。在此背景下，我国期望借助外资银行进入的倒逼机制促进内资银行业绩效的改善，因此 SCP 范式的作用机制仍然存在。

2. 改变东道国银行业的潜在竞争度

在位银行的数量和资产份额反映市场现实的竞争状况，因此 SCP 范式侧重分析当前的银行市场结构与银行短期绩效的关系。从长期看，市场上还存在一些尚未从事经营活动，但被超额利润吸引，将来可能随时进入的潜在竞争者。根据产业经济学中的可竞争理论，只要银行能自由地进入和退出市场，即使市场集中度高，来自潜在竞争者的威胁也可以迫使在位银行加大创新投入，控制成本，使产品价格趋于平均成本，实现良好的生产效率和技术效率。因此，市场结构并不是影响绩效的唯一因素，潜在竞争者对在位银行的威胁也很重要。市场进入壁垒是影响潜在进入威胁程度的重要因素，进入壁垒越低，潜在竞争者进入的限制越低，进入的可能性越大。所以，即使市场结构没有发生变动，竞争壁垒的降低同样可以产生竞争效应。

银行进入壁垒指进入银行市场的限制。进入壁垒来源于规模经济、产品差别和绝对成本优势[①]三个因素，其中绝对成本优势由生产技术优

---

① 多纳德·海，德理克·莫瑞斯著，钟鸿钧、王勇等译．产业经济学与组织［M］．北京：经济科学出版社，2001：154.

势和行政法规因素构成。在我国，银行市场进入壁垒对绿地方式的影响主要体现在外资市场准入限制的逐步取消。自加入世界贸易组织以来，外资银行在中国银行市场准入的地域范围由局部地区扩大到全国范围；准入的业务由外币业务延伸到本币业务。市场准入门槛逐渐降低，失去政府“保护伞”的内资银行不得不正面迎接国外银行的挑战，对提高银行市场绩效形成倒逼机制。

3. 竞争的负面效应

竞争程度的增加虽然可以形成内资银行绩效改善的倒逼机制，但竞争者数量的增多也意味着内资银行需要同外资银行争夺客户，增加银行的信贷风险，即形成人们常说的“摘樱桃”效应。“摘樱桃”效应使内资银行甄别成本和贷款风险增加，如果“摘樱桃”效应非常明显，国内资本将被挤出市场，反而会阻碍市场绩效的提高，此时如果银行市场被外资控制，外资进入将对东道国金融安全构成威胁。

假设将申请贷款企业划分为三种类型：贷款风险低的企业M_g、能保障银行贷款不会发生损失的安全企业M_s、贷款会发生损失的贷款企业M_b。银行在甄别企业类型时通常需要考虑两类成本：硬信息（hard information）成本和软信息（soft information）成本。硬信息成本指银行根据申请贷款企业的财务报表、抵押品、信用信息等这些公开信息甄别企业类型而产生的成本，硬信息可以鉴别出低风险的企业M_g；软信息成本指根据借款企业经营者能力、信誉度等非透明信息甄别企业类型产生的成本，软信息可以区分出后两类贷款企业M_s和M_b。因为银行贷款为典型的信息非对称市场，所以这两类成本对银行贷款投向发挥重要作用。通常进入发展中国家的外资银行来自西方发达国家，一般认为这些外资银行相对于东道国内资银行来说具有硬信息优势和软信息劣势。因此外资银行进入初期凭借硬信息优势从财务信息公开透明的大企业或上市企业中筛选出M_g。一方面，当外资银行抢走部分M_g，留给内资银行M_g的比例下降，相应的M_s和M_b的比例上升，质量差的企业的比重增加导致内资银行的贷款风险随之增加。另一方面，内资银行为了降低贷款的风险，必须获得比以往更多的软信息，然而软信息的隐蔽性使其获得的困难大于获取硬信息，因此内资银行成本结构的变化导致其总成本上升。此外，软信息具有长期的动态性，在银行与贷款企业交易往来中，获得软信息的成本降低，因此长期来看，如果外资银行逐渐缩小与内资银行软信息成本的差距，内资银行的境况会更糟。

竞争的负面效应除了受外资进入时间长短影响外，还与很多其他因素有关。首先，进入的外资银行必须拥有硬信息优势，其优势力越强，窃取优质客户的能力越强；其次，具有硬信息优势的外资银行数量越多，对内资银行的冲击越大；最后，东道国经济发展状况也是一重要的影响因素，然而如果东道国经济发展迅速，存在众多好的投资机会，市场上优质客户比重大，“摘樱桃”的负面效应就不那么显著了。

外资除了抢夺优质客户外，还与内资银行争夺优秀人才。绿地方式进入的外资银行除了需要从母国派遣高级管理人才外，还需要大量的东道国本地员工。外资优厚的薪资待遇吸引了不少内资银行的骨干人员，导致内资银行人员流失。在与外资银行的人才竞争中，内资银行为了留住和招收新的优秀人才，必须付出比以往更多的成本，这对内资银行的成本有拉高作用。

（二）绿地进入的技术外溢效应

外资银行在传统和现代银行业务领域具有丰富的经验，这一经验可以通过技术外溢作用于内资银行。技术外溢指外资银行拥有的甄别、管理、营销、产品研发等各项技术在东道国内资银行间非自愿地扩散。技术外溢效应可以由本地银行免费获得，能够促进当地银行技术水平的提高，降低运营成本，因此有利于整个银行绩效的改善。

1. 技术外溢产生的前提

技术外溢的产生首先必须满足外资银行与内资银行在技术水平上存在差异的前提条件，如差异越大，技术外溢就越能发生。外资银行的技术优势主要体现为甄别技术中的硬信息甄别技术和中间业务的优势。

甄别技术指银行对客户的识别技术。在贷款市场上，借款人在项目风险、预期利润、资金使用等方面比贷款者——银行拥有更多的信息。因此，银行在发放贷款前需要对客户未来的还款能力进行鉴别，以确定是否对该客户提供资金、确定贷款利率。以绿地方式进入东道国银行市场的外资银行一般为经过几十年甚至上百年竞争洗礼的跨国银行机构，拥有丰富的贷款经验。在同等信息资源情况下，外资银行通常能更有效地区别出“好”的贷款申请者和“坏”的贷款申请者，甄别技术强于内资银行，这点可以从外资进入前我国内资银行不良贷款率长期处于较高水平得到验证。

外国银行在中间业务领域也具有明显的优势。一是与银行传统的借贷业务相比，中间业务具有风险小、成本低、利润高的特点。外国银行，特别是跨国银行机构中间业务已成其重要的业务构成部分，然而我国内资银行的利润来源仍以传统业务为主，中间业务无论是规模上还是种类上，都无法与外资银行相比。二是中间业务对国际金融市场经验、投资管理技术要求较高，而这些都是长期从事跨国金融业务的外资银行强项。三是外资银行在跨国经营经验、融资来源、信息传输网络、产品市场方面也具有一定的优势。就银行市场实际表现来看，外资银行在资产质量、风险控制方面具有明显优势。截至 2021 年末，中国商业银行平均不良贷款率为 1.73%，而外资银行表现最佳，不良贷款率不到 0.6%，远低于其他类型银行①。

2. 技术外溢产生的方式

先进技术可以通过外资银行的示范作用向东道国银行扩散。通常能够成功进入东道国的外资银行都是具有先进管理经验和运营模式的成功

---

① 资料来源：中国建银投资有限责任公司投资研究院．中国投资发展报告（2022）［R］．北京：社会科学文献出版社，2022.

者，这些银行带来了新产品、新技术和新理念，为当地银行提供了很好的范本。为了缩小与新进入者之间的差距，内资银行通过模仿或学习提高自身的技术水平，特别是银行产品由于缺少有效的专利保护制度，特别容易被模仿。东道国内资银行技术水平与外资银行技术水平的差异越大、东道国的学习能力越强，技术外溢的速度和效果也越好。

技术外溢效应还可以通过作用于东道国人力资源发生传递。由于经济发展相对落后的东道国缺乏高级管理人员，外资通常需要派出高级管理人员，外资银行内部的本地员工可以通过“干中学”掌握这些高级管理人员拥有的先进技术和管理经验。此外，外资银行在雇用当地员工时，需要对这些员工进行培训。受训员工一方面增加了东道国人力资源的存量，另一方面先进的技术水平会随着这些员工在国内银行机构之间的流动而转移，可以间接地影响其他银行员工的专业技能，进一步促进了东道国人力资本的提高和技术转移。

（三）竞争效应与技术外溢效应的关联

竞争效应和技术外溢效应对银行市场绩效的作用途径并不相互独立，他们之间是相互作用、相互促进的关系。外资凭借其技术优势，在东道国市场上获得超额利润并扩大其市场占有率，给内资银行造成极大的竞争压力。为了保住原有的市场份额，避免在竞争中被淘汰，处于弱势的内资银行被迫改进生产技术，提高管理水平和研发力度，竞争效应加快了技术外溢的速度。反过来，内资银行在技术外溢效应的作用下，逐步缩小了与外资银行的差距。内资银行竞争力的增强使外资银行面临着更强的竞争对手，为了继续保持优势，外资银行不得不采用更先进的技术。在内外资银行“你追我赶”的过程中，技术外溢效应和竞争能力不断加强，两类银行的绩效都得到了提高。

绿地方式的积极效应（竞争的积极效应、技术外溢效应）可以改善内资银行市场绩效，负面效应（摘樱桃效应、金融安全问题）会恶化内资银行市场绩效。那么两者谁占上风？目前大部分的研究还是肯定绿地进入的积极作用，但也有不少学者认为外资银行进入不利于银行绩效的提高，主要是因为竞争负面效应远大于竞争的积极作用。一是发展中国家对外资银行的进入存在过多的限制，制约了积极效应的发挥。二是外资进入“摘樱桃”负面效应明显抵消了积极效应。一些实证研究也证明了外资进入后，内资银行被挤出市场，内资银行成本上升；在贷款行为上，外资银行倾向于向大的企业和政府提供贷款，仅有少部分企业获得了更多的贷款，而大部分中小企业的境况不仅没有改善，反而出现恶化①。三是绿地进入的积极效应可能被高估了，因为相较于其他行业的产品，银行产品的差异化程度比较低，所以银行技术外溢的效果可能并不显著，且随着金融自由化的深化，产品差异将不断缩小，技术外溢效果也将逐渐弱化，甚至可能有害于整个行业的发展②。

本书认为造成研究结果的不一致，可能的原因是外资进入的积极效应与负面效应的力量对比具有动态性。在东道国银行业开放初期，外资绿地进入的积极作用随外资进入的深化逐渐增强，积极作用显著。一方面，外资银行在刚打破东道国银行常年垄断格局的初期，竞争对内资银行提升绩效的倒逼机制潜力巨大；另一方面，进入初期，外资银行与内资银行技术差异大，技术外溢的流动速度和边际作用效果明显。相反，外资的负面作用相对较小：一是因为东道国在开放初期对外资银行存在诸多限制，以保护内资银行；二是因为外资银行处于起步阶段，需要一段时间来适应东道国本土政治、经济和文化环境；三是相对于东道国庞大的银行市场，外资银行进入数量相对较少、规模相对较小，市场占有率低，短期内难以对内资银行市场份额形成根本冲击。

随着外资银行进入数量的增加和进入时间的增长，外资进入的负面效应凸显，积极效应不断下降。第一，垄断时单位银行产能过剩、产出

---

① 相关结论见 Stiglitz（1993）、Uiboupin（2004）、Detragiache 等（2008）、Gormley（2008，2011）、黄宪和熊福平（2006）、闫庆悦和王彬（2010）等的研究。

② Lehner，M.，Schnitzer，M.，Entry of Foreign Banks and their Impact on Host Countries［R］. Gobernace and the Efficiency of Economic Systems GESY Discussion Paper，2006，No. 152.

受到抑制，当垄断势力瓦解后，行业整体产出量增加，单位银行逐渐向最优产出规模方向调整。然而，产出并不能无限扩大，由于市场容量有限，随着外资银行数量的增加，内资银行规模逐渐缩小，当降低到最优规模以下时，规模不经济凸显。第二，当外资银行数量不断增加、本土适应力不断增强后，外资银行竞争优势得以发挥，瓜分东道国银行市场份额的力度增强。第三，内资银行在经历了进入初期竞争力和效率的提高后，与外资银行的差距减少，技术外溢效应逐渐耗尽。第四，外资银行的“摘樱桃”效应不断侵蚀内资银行市场占有率，国内资本对银行业的控制力不断让位于外资银行，当控制权完全转移给外资银行后，东道国对外资银行资金的流动异常敏感，金融风险增大，金融安全和稳定受到极大威胁。

积极效应与负面效应的动态关系是我国部分实证研究否定 SCP 框架、否定绿地进入积极效应的主要原因之一。积极效应与负面效应的动态变化导致外资进入的净效应呈四个阶段（如图 5－1 所示）：

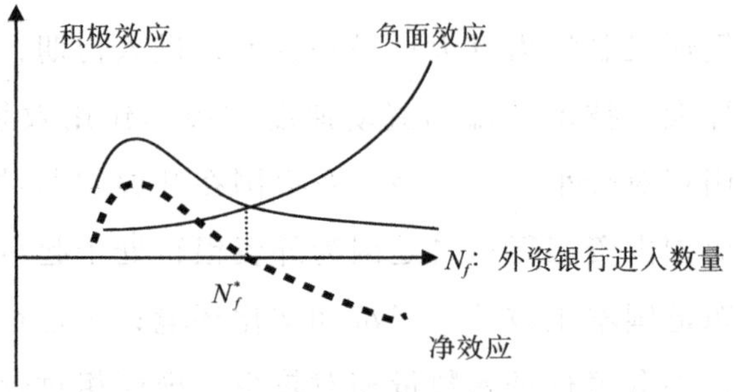

图 5－1　外资绿地进入效应的动态变化

进入初期，外资进入的积极效应大于负面效应，净效应为正，并不断上升。

成熟阶段，积极效应得到极大的发挥，净效应达到最大值。

随着外资进入的进一步加深，积极效应不断减弱，“摘樱桃”的负面效应不断增强，净效应开始下降，外资进入处于衰退阶段。

当外资银行的数量超过N_f^*时，负面效应大于积极效应，净效应小于零，外资的进入不但无法改善市场绩效，反而会抢走大量的市场份额，过度竞争问题凸显，使内资银行不断退出市场，市场绩效恶化，东道国银行业的金融安全受到威胁，外资进入处于危机阶段。

我国外资的绿地进入方式虽然已有30年的历史，但仍然处于较低水平，因此绿地进入的长期作用还没有充分发挥出来。

二、非绿地进入方式的作用机制

东道国开放银行市场的第二个路径：允许外资通过非绿地进入方式进入东道国银行市场，包括参股内资银行、并购或兼并方式控制内资银行。东道国政府期望通过非绿地方式解决资金缺口、重组银行市场，进而提高银行业整体的效益水平。中国银行市场的非绿地进入方式以引进境外战略投资者为主，因此下文探讨的是境外战略投资者对内资银行市场绩效的作用机制。我国内资银行引进境外战略投资者的主要目的在于，通过战略投资者的进入完善内资银行的公司治理机制、以股权换得外资银行先进的管理、产品研发技术、金融服务理念等，侧重于“引制”和“引智”，即强调外资进入对企业这个“黑匣子”的影响。

（一）境外战略投资者与内资银行股份制改革

在产权理论中，外资非绿地进入方式与内资银行市场绩效之间的作用途径可以概括为“产权结构→公司治理机制→银行业市场绩效”。

1. 境外战略投资者作用于内资银行产权结构

（1）我国银行业产权结构的缺陷。产权结构是影响企业绩效的重要因素之一。科斯产权理论自产生以来，对产权问题的讨论一直与企业产权结构的分析相联系。根据科斯定理，当交易成本等于零，无论初始的产权如何配置，交易双方都可以在市场机制的作用下实现最优的资源配置，产权的配置与效率无关；当交易费用大于零时，产权配置会影响效率，不同的产权安排具有不同的效率。由于交易费用等于零的情况在现实中不存在，因此根据科斯第三定理，当交易成本为正时，产权的明晰有利于降低交易费用，提升公司绩效。因此，我国银行业的改革第一步是明晰产权，建立有效的产权结构。

国有银行是我国银行体系的中坚力量，其健康发展关系着我国金融业乃至全国经济的稳定和安全，维系着国民经济的命脉。历史上，国有银行为我国经济发展做出重要贡献，然而随着改革的深入，国有银行内在产权制度缺陷越来越明显，不良贷款率居高不下，资源配置效率低。针对国有银行盈利能力差、资本充足率低、不良贷款等问题，在加入世界贸易组织前，政府多次对国有银行注资、剥离不良贷款，虽然资本充足率和抗风险能力得到一定的提高，但由于之前的改革是在不触动原有产权制度下的经营机制改革，国有银行绩效差的现状并没有发生实质改善。2002 年末，国有银行不良贷款率高达 21.38%①，与国外 3% 的不良贷款率相差甚远。因此，2003 年前“以钱换机制”的改革不能彻底解决国有银行顽症。为了应对即将来临的外资银行全面进入，2004 年中国银行和建设银行率先进行股份制改造，2010 年中国农业银行成功上市，标志着我国国有银行股份制改革的完成。此次国有银行股份制改革最引人注目的举措是在保持国家控股的前提下，引进境外战略投资者，改变国有银行单一产权结构，实现改革管理体制、完善治理结构、转换经营机制、改善经营绩效四大目标。

股份制改革之前，我国国有银行长期以国有独资形式存在。国有独资形式表面上产权清晰，国家拥有所有权，并明确规定国有企业或政府部门享有的股权比例。但是，这种产权安排存在所有者缺位、行政干预和缺乏股权制衡机制等问题。国有独资银行的所有权归国家，虽然银行股份按一定比例由国资委、财政部、人民银行等管理部门共同持有，但这些部门都是承担行政职能的管理部门，这种产权安排的最大弊端就是

---

① 资料来源：刘锡良．国有商业银行改革的八个问题［N］．经济参考报，2004.2.24.

产生行政干预。政府管理部门的目标是多元化的，其中最重要的职能是保证国家经济的稳定和发展。当行政管理部门成为主要股东行使股权时，难免以银行盈利能力的损失换取其行政目标的实现。此外，由于国有独资缺乏具有“盈利目标”股东的监督，所以政府管理部门的行政干预行为没有得到有效监督。在这种背景下，国有银行沦为政府的附属机构，银行经营目标被政府经济政策影响，“盈利目标”被“行政目标”代替，产权体制中的权利主体发生移位，所有者利益受到损害。因此，如果要建立“股东制衡机制”以约束政府对国有银行的行政化经营，股份制改革便是一种有效的途径。

相比国有银行的股份制改革，股份制银行和城市银行的产权改革步伐要快得多。20 世纪 80 年代末，我国开始组建股份制商业银行。从成立开始，股份制商业银行就以打破财政部单一出资方式、建立多个产权主体为特征的股份制银行为目标。2002 年，股份制银行已经形成由国有股、国有法人股、民营企业法人股、外资股和社会公众股组成的多元化股权结构。城市商业银行于 1995 年开始在我国各地成立。成立初期，当地政府是城市商业银行的控股股东，部分商业银行的经营活动受到当地政府的干预，在这一背景下，1998 年郑州市商业银行率先开始了城市商业银行产权结构改革。

虽然股份制银行和城市商业银行通过增资扩股、引进国内外战略投资者方式优化产权结构，使产权主体日益分散化、多元化，但产权结构仍不容乐观。2002 年，非国有银行国有股平均占比 42.32%，国家和地方政府仍然处于控股地位，其他主要股东多来自国有企业。由于国有企业自身产权制度同样面临着所有者缺位、行政干预和委托代理等问题，国有企业作为战略投资者身份入股不但不能有效解决问题，反而存在将国有企业原有缺陷复制到被入股银行内的风险。此外，2002 年被非国有银行寄予厚望的境外投资人持股比例偏低——不足 2%，对银行产权结构作用有限，因此非国有银行也面临着与国有银行相似的产权问题，只是程度不同而已。

（2）引进境外战略投资者的理论逻辑。股权改革无非是引进以“盈利”为目标的银行股东来解决“所有者缺位”和“行政干预”的问题。利润最大化是私有投资者的共同特征，但为何我国国有银行改革侧重于引进境外的战略投资者呢？关键在于，境外战略投资者在改变国有银行产权结构中具有天然的优势：首先，银行由于经营管理工作的特殊性，需要具有较强的专业背景和资金实力的投资者。虽然国内投资者也有很强的盈利动力，但是与来自西方发达国家的银行和金融机构相比，国内投资者是在我国欠发达的经济环境下成长起来的，其行为规范性、对国际金融市场的熟悉度和公司治理水平方面都要弱于境外投资者，而且容易受政府干预等其他非市场因素的影响。其次，与财务投资者相比，战略投资者关心的是长期盈利，因此战略投资者在行使股东权利时更注重银行的长期发展潜力。最后，我国规定境外战略投资者的参股额不低于5%，这一规定的益处是保证境外战略投资具有一定的话语权，以免出现“搭便车”行为。战略投资者持股比例越大，话语权越多，对国有股东行为的监督能力也越强；如果持有的股份过少，其行为就会类似于公众小股东，股权越分散，监督成本越高，越容易出现“搭便车”行为。

2. 境外战略投资者作用于内资银行公司治理结构

产权结构对银行市场绩效的作用通过改变银行的治理结构来实现。什么样的股权结构决定什么样的公司治理结构，什么样的公司治理结构决定什么样的银行管理方式，从而决定什么样的银行市场绩效。产权结构是公司治理结构的基础，公司治理结构是公司产权安排的具体体现①；同理，产权结构是影响银行市场绩效的根本因素，公司治理是银行市场绩效的直接决定因素，因此产权结构的变动引致公司治理结构的变化，

① 张维迎．企业理论与中国企业改革［M］．北京：北京大学出版社，1999：132.

公司治理结构的变化又直接决定了银行的绩效水平。

公司治理结构是公司的所有者对经营者的监督与制衡机制。在一定的产权安排下，公司治理结构通过对股东、董事会、经理层三者之间权责的具体安排来影响公司的管理，进而影响其效率。虽然不同银行的公司治理结构不尽相同，但就公司治理结构本质而言，实为“委托—代理”关系的差异。银行与其他企业一样，当所有权与经营权分离时，便产生了委托代理关系问题。在委托代理关系中：一方面，股东和实际经营者拥有的信息不对称，经营者对自己努力的情况掌握更多的信息，股东无法有效地监督经营者的行为；另一方面，股东与实际经营者具有不同的效用函数。威廉姆森基于人的机会主义假设认为管理者追求自身效应的最大化，所以在信息不对称的情况下，经理人在实现自身效应最大化的过程中会与股东的利益相悖。因此，银行公司治理结构主要目的是通过权利安排、制定激励制度和监督制度等手段，在股东、管理者、生产者和其他利益相关者之间实现利益的均衡，以解决所有权与控制权分离后的“委托—代理”问题。

然而，银行公司治理并不等于一般意义上的公司治理问题。与其他行业相比，银行业具有许多与生俱来的特殊性，如银行业合约的不透明性和产品的特殊性使银行的信息不对称性更为严重，银行的高负债经营模式产生更为严重的“股东—债权”代理问题，因此银行公司治理须与银行业的特殊性相结合，而不能简单地套用一般性的公司治理理论。

（1）我国银行业公司治理结构存在的问题。加入世界贸易组织之前，我国银行业由于长期存在产权界定不清晰、多头管理、股权单一等缺陷，导致银行的公司治理不完善，不能充分发挥其激励作用和约束作用。

激励作用的失效体现在：一是行政激励对经营者的管理行为的干预。国有独资银行和城市商业银行的董事会成员、经理等高级管理人员很多来自政府官员或国有企业，上级的满意度决定着人员的升迁和任免，在国有控股的股份制银行中也有很多高管具有国有企业背景。在这种雇佣机制下，提高银行市场绩效不是高级管理人员唯一的考核标准，在其管理活动中可能还须承担过多的社会责任，因此其管理行为容易受行政命令的干预。二是荆轮效应使经营者缺乏努力动机。荆轮效应最初指在苏联计划体制下，企业当年的实际生产量决定于下年的计划生产指标。如果企业经营者当年超额完成了任务，虽然政府给予一定比例的奖励，但是下一年的计划任务会更多，此时理性的经营者会隐瞒生产能力，避免生产任务随业绩的上升而上升。优秀的银行管理者既包括对贷款“数量”的考核，又包括对贷款“质量”的考核，因为银行属于负债式经营模式，所以“质量”的考核尤为重要。政府对银行管理人员的激励方式往往体现为以数量制定标准，贷款的质量需要经过长期观察，不能马上被辨别出来，而且通过技术处理能够很容易地隐藏潜在风险。因此，如果不能对银行高级管理人员的管理行为进行准确的绩效评价，将导致政府难以区分管理人员的“好”与“坏”，此时便产生荆轮效应。对产品质量付出努力的人得不到应有的回报，偷懒的人得不到惩罚，致使理性的管理人员倾向于有所保留地发挥其才能，或者造成骨干人才的外流。

银行约束作用的失效主要体现在：第一，存在“内部人控制”问题。所有者缺位容易导致银行实际控制权掌握在高级管理人员手中，这些高级管理者自己制定薪酬激励制度和惩罚制度，自己监督自己，监管机构形同虚设，容易滋生腐败。第二，存在软约束问题。我国国有银行与一般性国有企业相比，面临着更为严重的双重软约束问题。一方面，作为企业资金的供给者，银行在一定的条件下可以充当贷款企业软约束的提供者。国有独资或国有控股的银行与国有企业之间存在亲缘关系，贷款倾向于投向重要的国有企业，两者之间形成刚性的依赖关系，如果国有企业赖账、逃债的问题无法解决，国有银行的不良贷款率将不断积累。另一方面，银行自身也面临着软约束问题。首先，银行业，特别是国有银行，关系到国家金融环境的稳定和安全，肩负着“大而不能倒”的预期；其次，国有银行由于国家要保持控股地位，其管理者预期不会因为银行经营不善被并购而引致管理者被辞退的风险；最后，银行资本结构中负债率特别高，债权所有者按照固定的比例获得投资回报，而股东权益比例很低，加之银行债务合约的不透明性，加剧了银行管理者产生从事高风险投资活动的动机。银行约束功能失效导致银行实际控制人（即高级管理人员）缺乏风险意识，“搭便车”现象和腐败问题严重，容易滋生非理性的投资行为。

(2) 境外战略投资者可以提升银行公司治理水平。改善银行公司治理结构的目的是减少“委托—代理”问题，进而提升银行绩效。产权理论认为，委托代理问题可以通过以下几个途径得到缓解：一是建立重复博弈的竞争劳务市场。所有者（委托人）与管理者（受托人）间的重复博弈使管理者更加注重跨期利益而不是短期收益，遏制了管理者的道德风险，使其利益追求与企业长期利益趋于一致；竞争性劳动市场可以促进劳动者信息的传递，增加了所有者的信息量，缓解了逆向选择问题的出现。二是建立所有者与管理者的激励机制。清晰国有产权的权属职责，可以提升经济主体的激励作用；让管理者拥有一定的剩余索取权，可以使管理者的利益与所有者的利益绑在一起，由此提高整体的经济绩效。三是引入先进的管理技术和企业文化。产权理论认为人是具有有限理性和投机动机的，因此企业需要采取一定措施减少投机行为，管理技术是从外部对雇员施加压力，以减少投机动机和偷懒行为；企业文化是从心理上减少雇员的投机和偷懒动机，包括职业道德观、成就感和归属感等多个方面。

具体到银行业境外投资者而言，非绿地进入方式可以通过作用于股东投票权、派驻高级管理人员和构建激励与监管体系三个层面优化内资银行公司治理结构，进而影响银行市场绩效。

第一，境外战略投资者属于股东，对经济利益的追求是其与国有股东最大的区别，战略投资者依据股票份额行使股东权益保护自身的权益，形成权力制衡机制。

第二，境外战略投资者并不一定是内资银行的控股股东。因此，单纯依赖股权投票机制参与公司治理能力有限，但是在与国有银行签署战略协议时，境外战略投资者有权推荐和提名董事成员，增加了在银行决策和监督的话语权。美国银行和淡马锡入股中国建设银行后分别获得提名一名董事的权利、苏格兰皇家银行与淡马锡分别获得中国银行一个董事席位、花旗银行在广东发展银行中获得了6个董事会席位。此外，外资银行在银行风险管理委员会中还会派遣经验丰富的风险管理员，如：工商银行战略投资者的两位外籍风险管理委员都具有投行背景、苏格兰皇家银行向中国银行派遣4名常驻银行的风险管理专家。与国有股东提名的董事成员相比，境外投资者提名和派遣的高级管理人员都是通过市场化方式招募和选拔的人才，因此关心自身在经理人市场的声誉，具有更强的提高银行业绩和提供有效监督的动力（见表5－1）。

表5－1　国有银行与境外战略投资者机构公司治理结构比较

组织框架	国有银行	境外战略投资者
股东大会	股权结构较单一	股权结构多元
董事会	国有股同其他出资者同样按股份委派董事组成董事会（农业银行除外）	健康规范的董事会，集决策权与监督权于一身，但主要履行监督职能；独立董事制度健全有效
监事会	内设监事会，行使监督职能	不设监事会
高级管理层	由政府直接任命或考核，董事会聘任，经理报酬市场化程度低	从经理人市场聘任，激励报酬机制完全市场化

资料来源：摘自山东省城市金融学会课题组（2006）的研究①。

① 山东省城市金融学会课题组．中外资商业银行竞争力差异比较［J］．金融管理与研究，2006（9）：22－26.

第三，境外投资者根据签订的公司治理协议，引进先进的监管体系和激励机制。协助内资银行提升银行公司治理水平是中外战略投资协议中的重要内容之一，如高盛银行与工商银行有明确的项目合作安排。根据协议规定，高盛银行帮助工商银行建立先进的信息披露系统、关联交易监控和管理系统，并在投资者关系管理方面给予帮助。

（二）境外战略投资者与技术转移

境外战略投资者还可已通过技术转移渠道影响银行市场绩效。引进境外投资者的内资银行可以将自身的“软信息”优势与外资银行“硬信息”相结合，提高甄别技术效率。虽然绿地和非绿地方式的进入都能使先进技术发生扩散，但是当外资以非绿地形式进入的情况下，则以组织机构内部转移为主、以外部转移为辅，战略合作协议的履行为其主要实现方式，因此技术转移更具主动性。

在我国，境外战略投资者技术转移主要体现在以下三个方面：第一，派遣技术人员或向内资银行提供技术支持。通常境外战略投资者都会向内资银行派遣一批具有专业知识背景和丰富管理经验的技术人员。这些技术人员熟悉国际市场运作，国内的管理人员在长期与外方人员合作的过程中会逐渐成长起来。例如，渣打银行投资渤海银行后向渤海银行派出30—40名技术人员、美国银行向中国建设银行派出50名咨询师、苏格兰皇家银行向中国银行在操作风险管理领域提供技术支持、亚洲开放银行向杭州市商业银行提供中小企业融资方面的技术援助、高盛与工商银行共同设计贷款组合风险管理体系并在不良贷款处置方面提供帮助。第二，对中国内资银行的工作人员进行培训，提升人员素质水平。中国银行通过培训课程和实地考察向苏格兰皇家银行学习风险管理经验、高盛与工商银行合作开展商业银行管理课程培训，并派出全球风险控制委员会主席、首席知识执行官等多位顶尖专家。新加坡华侨银行和澳新银行分别向宁波银行和天津商业银行提供500万美元的员工培训款。第三，战略投资者与内资银行进行各项经营业务合作。苏格兰皇家银行与中国银行的战略合作协议中涉及信用卡业务、理财业务、公司业务、个人财产保险等多项合作内容。美国银行与中国建设银行在信用卡、个人银行、全球资金服务等方面进行战略合作，且规定合作期不少于7年。

三、境外战略投资者与金融安全和稳定

外资绿地进入和非绿地进入在为东道国银行业带来积极作用的同时，也会产生负面影响，负面作用与积极作用之间存在动态变化关系。银行控制权转移是外资进入的主要负面作用。绿地进入方式控制权转移体现为内资银行退出市场，外资银行占有主要地位，非绿地进入方式控制权转移则体现为境外投资者获得内资银行的实际控制权，境内资本股权份额减少。无论外资采用何种进入方式，控制权转移的直接后果都是东道国金融安全和稳定受到威胁。金融安全和稳定是东道国银行业改革开放关注的重要内容，改善市场绩效是东道国银行业对外开放的目的，金融安全和稳定是外资进入银行业的前提。

就外资绿地进入方式来看，外资进入对东道国银行业金融的安全和稳定具有两面性。一方面，竞争对市场绩效的积极作用使东道国内资银行积极改善资产质量，例如不断降低不良贷款率、提高贷款风险控制能力，银行资产质量的改善反映了银行运营的稳定性和抵抗风险能力的提高；另一方面，竞争的“摘樱桃”效应意味着内资银行优质客户的流失，盈利能力受到冲击，因此为了维持市场份额和足够的利润边际，内资银行极有可能从事风险性极高的信贷活动，外资银行实力越强，内资银行客户流失越严重，采取冒进行为的可能性越大，这将把内资银行推向破产的边缘。

就外资非绿地进入方式来看，外资进入同样对金融安全和稳定具有两面性。前文分析表明，外资非绿地进入方式能够优化被参股银行产权结构，提升公司治理水平，进而提高市场绩效，然而外资参股的股份越

多，意味着外资掌握东道国的金融资源越多。当外资非绿地进入方式达到一定限度后，东道国对本国银行市场的控制能力减弱甚至丧失，此时外资金融机构在利益的驱使下操纵银行市场的可能性增大，对东道国金融安全的威胁也将增强。

就金融风险的传递来看，外资进入促进了金融风险的传递、削弱了东道国宏观调控的效力。一方面，银行业务的性质使银行与债权债务间存在复杂的联系，导致银行危机具有很强的传染性，又因为母国的经济环境对外资银行或外资金融机构的影响较大，所以外资进入的同时也推动了国外金融风险向东道国内部传递，增强了东道国金融市场的不稳定性。另一方面，外资进入削弱了东道国政府宏观调控的效力。由于境外投资者的资金主要来源于国际金融市场，所以东道国金融监管部门对其行为的制约较小。此外，境外投资者是在全球范围内配置资本，资金的流向对东道国经济波动很敏感。当东道国经济发展迅速、投资预期报酬率高时，境外投资者的绿地进入和参股热情高涨；当东道国面临经济危机时，外资银行和外资参股者则采取“收了就跑”（cut and run）的策略，这将进一步加剧东道国的经济衰退，因此境外资本具有较强的顺周期性。

各国的实践表明，外资进入并不必然有害于东道国的金融安全，然而外资大量进入使东道国金融业遭受打击的例子也不少。根据各国的实践经验可以发现，金融安全存在隐患的银行市场往往是对外开放速度过快、开放程度过高的地区。例如，阿根廷银行业对外资进入的限制很少，基本上完全放开了银行市场，导致国内资本对银行市场的主导地位让位于境外资本。在金融危机来临之时，因当地政府已失去对银行业的控制权，故无法阻止外资的集体出逃，也无力运用宏观调控手段挽救陷入困境的经济。相比之下，新加坡、加拿大等发达国家的银行市场却从未被外资控制，大多数是由本国资本或国有银行控制着，因此在保证内资银行主导的前提下，渐进适度地引进外资是保证金融安全、维持金融稳定的重要前提。

金融安全和稳定是外资进入的前提，因此，在判断一国外资进入效果时，首先应考虑外资的进入对东道国银行安全存在潜在风险，当银行市场以东道国国内资本为主导时，如果外资进入提高了银行业的市场绩效，那么外资进入的积极效应是显著的；当银行业的控制权发生转移，即使银行业的市场绩效得到改善，也不能以牺牲金融安全和稳定为代价，因此必须采取措施防止控制权的进一步转移。在我国，外资绿地进入方式无论是机构规模还是资产规模，占比都很小，加之我国对外资参股份额的上限有严格规定，因此保证了外资不能通过非绿地进入方式获得内资银行的控制权。然而，随着金融开放的有序推进，金融风险防范压力加大，因此需要强化金融监管能力与风险防御能力，确保其与金融开放度相匹配，以保障中国金融业的健康发展。因为本书研究重点所限，所以下文并不就此进行过多讨论。

第二节　税制变革对银行绩效影响的比较

理论上讲，征税会影响银行的边际成本，在利润最大化条件下，银行最优均衡状态也将发生改变，因此税收制度变革也会影响银行的经营绩效。由于信贷行为仍是银行的主要经营行为，下文基于修正后的Monti - Klein古诺模型，重点考察营业税与增值税两种税制条件下，银行信贷最优存贷量的差异，以此说明税收政策的影响作用。

一、税收政策对银行绩效影响机理分析

目前存款与贷款业务是我国商业银行的主要业务，并构成利润的主要来源。下文基于这一基本假设，构建商业银行的利润模型。

（一）Monti－Klein古诺模型构建

克莱因（Klein，1971）[①]和蒙蒂（Monti，1972）[②]最初构建了代表银行完全垄断竞争的Monti－Klein模型。在Monti－Klein模型中，银行的成本固定不变，银行市场由一家银行控制，因此该银行的贷款需求曲线和存款供给曲线相当于整个银行业的需求和供给曲线，所以银行的需求曲线向下倾斜、供给曲线向上倾斜。

虽然在现实中完全垄断的银行市场并不存在，但Monti－Klein模型的主要贡献在于可以将其扩展为n个银行参与的古诺模型。因为古诺模型对现实的解释力更强，所以后来人们通常用Monti－Klein古诺模型来描述银行市场的不完全竞争状态。鉴于此，本章对弗雷克斯和罗歇（Freixas和Rochet，2000）[③]的Monti－Klein古诺模型稍加修正，构建符合中国实际的修正模型，并从外资进入方式的视角，对比分析营业税、增值税两种税收政策下外资进入效应的差异。

1. 假设前提

（1）银行市场上有n家同质银行[④]。

（2）银行以利润最大化为目标，银行业务为借贷业务，暂不考虑中间业务。

（3）不考虑银行的实物资产和库存现金。

（4）为了简化，暂不区分同行拆借、超额准备金等货币市场资金间收益率的差异，且由于这类资产流动性强、期限短且风险低，将其收益率外生给定。

---

① Klein，M.，A theory of the banking firm［J］. Journal of Money，Credit and Banking，1971（03）：205－218.

② Monti，M.，Deposit，Credit and Interest Rate Determination under Alternative Bank Objectives functions in：Karl Shell and Giorgio 1972：6.

③ 哈维尔·弗雷克斯、让·夏尔·罗歇著，刘锡良译. 微观银行学［M］. 四川：西南财经大学出版社，2000：50－52.

④ Monti－Klein模型最初是用来描述完全由一家银行垄断银行市场，弗雷克斯和罗歇Monti－Klein模型中存在一个在位银行的假设扩展到n个在位银行。

（5）在中国人民银行制定贷款基准利率，商业银行允许在一定的范围内调整贷款利率。因此假设代表银行面临着向下倾斜的贷款需求曲线，贷款利率由银行内生决定，贷款利率是关于贷款规模的减函数。

（6）银行的经营成本为关于存款规模和贷款规模的线性函数。

（7）存款供给曲线为向上的供给曲线。

2. 基本模型

根据假设，代表性银行的资产负债表如表5－2所示：

表5－2　　银行资产负债表

资产	负债
L	D
M_1	M_2
N	K
R	

资产方分别为银行对外提供的贷款 L、货币市场资金运用额 M_1、商业银行在中央银行的超额准备金 N、存款准备金 R；负债方分别为存款 D、货币市场的借入额 M_2、银行自有资本 K。设银行法定存款准备金率为 α，则 $R = KD$。此时，商业银行的资产负债平衡关系为：

$$L + M_1 + N + \alpha D = D + M_2 + K \quad (5-1)$$

$$L + M_1 - M_2 + N = D - \alpha D + K \quad (5-2)$$

$M_1 - M_2$为货币市场资金运用净额，当$M_1 - M_2 > 0$时，表示货币市场上资金净贷出，反之为净借入。令$M = M_1 - M_2 + N$表示银行除了贷款及自由资金以外的主要收益性资产①，此时可简化为

① 中国人民银行仍对商业银行存放在央行的准备金付息，因法定准备金一般情况不准动用，而超额准备金金融机构可以自主动用，故将其纳入收益性资产。

$$L + M = (1 - \alpha)D + K \tag{5-3}$$

假设银行的目标函数为：

$$\pi = r_L(L)L + r_M M - (r_D - r_\alpha \alpha)D - C(D,L) \tag{5-4}$$

$$\text{s.t.}\quad L + M = (1 - \alpha)D + K \tag{5-5}$$

其中：π 为银行净利润，r_L、r_M、r_D 和 r_α 分别为银行的贷款率、货币市场收益性资产平均收益率、存款利率和存款准备金利率。$C(D, L)$ 表示银行管理成本①，与贷款和存款业务有关，且满足规模收益递减（即凸状假设）和齐次假设。根据模型假设，贷款利率是关于贷款规模的减函数，存款利率是关于存款规模的增函数，因此 $r'_L < 0$、$r'_D > 0$。

（二）税收政策对银行存贷业务的影响

1. 营业税的影响机理

假设营业税税率为 T_b。根据 2016 年“营改增”之前营业税的税制规定，营业税计税依据为贷款利息收入，且不得扣除存款利息支出；对金融机构的同业往来利息收入等货币市场资金运用免征营业税，由此，银行税后目标函数可调整为：

$$\pi = (1 - T_b) r_L(L)L + r_M M - (r_D - r_\alpha \alpha)D - C(D,L) \tag{5-6}$$

$$\text{s.t.}\quad L + M = (1 - \alpha)D + K \tag{5-7}$$

构造拉格朗日函数：

$$F(D,L) = (1 - T_b) r_L(L)L + r_M M - (r_D - r_\alpha \alpha)D - C(D,L) + \lambda[L + M - (1 - \alpha)D - K] \tag{5-8}$$

最优化一阶条件：

$$\frac{\partial F}{\partial L} = (1 - T_b) r_L(L) + L(1 - T_b)\frac{\partial \gamma_L}{\partial L} - \frac{\partial C}{\partial L} + \lambda = 0 \tag{5-9}$$

$$\frac{\partial F}{\partial D} = -(r_D - r_\alpha \alpha) - \frac{\partial C}{\partial D} - (1 - \alpha)\lambda = 0 \tag{5-10}$$

---

① 该项成本包括为了吸收存款、发放贷款的各种非利差成本，因此将其视为管理成本。

$$\frac{\partial F}{\partial M}=r_M+\lambda=0 \tag{5-11}$$

$$\frac{\partial F}{\partial \lambda}=L+M-(1-\alpha)D-K=0 \tag{5-12}$$

求解得：

$$(1-T_b)r_L(L)+L(1-T_b)\frac{\partial \gamma_L}{\partial L}-\frac{\partial C}{\partial L}=r_M$$

$$r_L(L)=(1-T_b)^{-1}\left(r_M+\frac{\partial C}{\partial L}\right)-L\frac{\partial \gamma_L}{\partial L} \tag{5-13}$$

$$r_D=r_\alpha\alpha+(1-\alpha)r_M-\frac{\partial C}{\partial D} \tag{5-14}$$

假设在位银行是同质的，因此存在唯一的均衡，此时每个银行持有同等数量的存款和贷款①。设银行市场总贷款规模和总存款规模分别为L^*、D^*，则每家银行利润最大化时的贷款量和存款量分别为：$L_n^*=\frac{1}{N}L^*$、$D_n^*=\frac{1}{N}D^*$。所以式（5－13）可以变形为：

$$r_L(L)=(1-T_b)^{-1}\left(r_M+\frac{\partial C}{\partial L}\right)-\frac{1}{N}L^*\frac{\partial \gamma_L}{\partial L} \tag{5-15}$$

设贷款市场的贷款利率弹性为$e_L=-\frac{r_L}{L\frac{\partial \gamma_L}{\partial L}}>0$，代入式（5－15）得：

$$r_L(L)=(1-T_b)^{-1}\left(r_M+\frac{\partial C}{\partial L}\right)+\frac{1}{N}\frac{r_L}{e_L}$$

$$\left(1-\frac{1}{Ne_L}\right)r_L(L)=(1-T_b)^{-1}\left(r_M+\frac{\partial C}{\partial L}\right) \tag{5-16}$$

$$r_L(L)=\frac{Ne_L}{Ne_L-1}(1-T_b)^{-1}\left(r_M+\frac{\partial C}{\partial L}\right) \tag{5-17}$$

---

① 哈维尔·弗雷克斯，让·夏尔·罗歇，刘锡良译．微观银行学［M］．四川：西南财经大学出版社，2000：52.

不难发现，式（5－17）左边为单个商业银行贷款的边际收益，当市场达到均衡时，边际收益等于等式右边的边际成本，即 MC＝MR。由等式可知，MC 由营业税税负T_b、货币市场收益性资产边际机会成本r_M、贷款业务的边际经营成本$\frac{\partial C}{\partial L}$共同决定。

将式（5－14）和式（5－16）进一步变形为：

$$(1-\alpha)^{-1}(r_D+\frac{\partial C}{\partial D}-r_\alpha \alpha)=r_M \tag{5-18}$$

$$(1-T_b)\left(1-\frac{1}{Ne_L}\right)r_L(L)-\frac{\partial C}{\partial L}=r_M \tag{5-19}$$

式（5－18）和式（5－19）展示了在市场均衡时，货币市场收益性资产平均收益率与贷款利率和存款利率的关系，显然$r_M \neq r_D \neq r_L$。

如图 5－2 所示，假设征税前存款供给曲线（即储蓄者愿意提供的存款数量）为 DD，贷款需求曲线（即银行愿意提供的贷款数量）为 LL。当r_M、r_α、e_L、r_D①外生给定时，征税前存款均衡量D^*大于贷款均衡量L^*，D^*-L^*为投入货币市场的资金量。

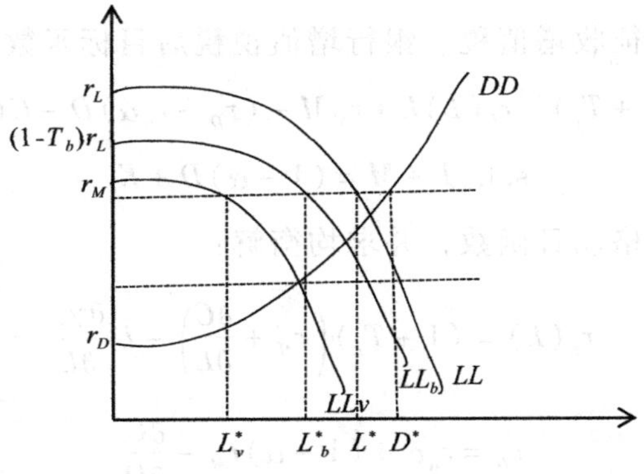

图 5－2　开征营业税前后银行市场存、贷供需均衡

① 在我国存款市场上，存款利率是商业银行根据中国人民银行制定的基准率有幅度的调整，从实际情况来看，各行差异不大，因此可以将存款利率外生给定。

当征收营业税后，根据式（5－17）与式（5－14）之差，可得市场均衡时的贷存利差：

$$r_L(L)-r_D=\frac{Ne_L}{Ne_L-1}(1-T_b)^{-1}\left(r_M+\frac{\partial C}{\partial L}\right)-r_\alpha\alpha-(1-\alpha)r_M+\frac{\partial C}{\partial D} \tag{5-20}$$

此时，银行市场的存贷利差取决于营业税税率、在位厂商数量，以及边际成本的共同作用。随着T_b的上升，存贷利差将增加，反之将下降；随着 N 的增加，存贷利差将下降，反之将上升。

征收营业税后，贷款曲线将向下移动到 LL_b，此时银行愿意提供的均衡量变为 L_b^*。由于 $D^*-L_b^*>D^*-L^*$，所以存贷款量差异变大，银行放贷规模缩小，投入货币市场的资金量将增加。

2. “营改增”的影响机理

2016 年 5 月 1 日我国开始实施全面“营改增”，假设此后适用T_v的增值税税率。根据增值税税制规定，银行信贷业务以贷款利息收入全额缴纳增值税，且不得抵扣用于支付利息费用，以及与代理业务相关的佣金手续费形成的进项税额；金融机构的同业往来利息收入等货币市场资金运用收益免于征收增值税。银行增值税税后目标函数为：

$$\pi=(1+T_v)^{-1}r_L(L)L+r_MM-(r_D-r_\alpha\alpha)D-C(D,L) \tag{5-21}$$

$$\text{s.t. } L+M=(1-\alpha)D+K \tag{5-22}$$

再次构造拉格朗日函数，并求均衡解：

$$r_L(L)=(1+T_v)\left(r_M+\frac{\partial C}{\partial L}\right)-L\frac{\partial\gamma_L}{\partial L} \tag{5-23}$$

$$r_D=r_\alpha\alpha+(1-\alpha)r_M-\frac{\partial C}{\partial D} \tag{5-24}$$

可见“营改增”前后，存款市场均衡不受制度变化的影响。同理，将 $L_n^*=\frac{1}{N}L^*$、$e_L=-\frac{r_L}{L\frac{\partial\gamma_L}{\partial L}}$代入，可得：

$$r_L(L)=\frac{Ne_L}{Ne_L-1}(1+T_v)\left(r_M+\frac{\partial C}{\partial L}\right) \tag{5-25}$$

$$\left(1-\frac{1}{Ne_L}\right)r_L(L)=(1+T_v)\left(r_M+\frac{\partial C}{\partial L}\right) \tag{5-26}$$

此时，存贷利差为：

$$r_L(L)-r_D=\frac{Ne_L}{Ne_L-1}(1+T_v)\left(r_M+\frac{\partial C}{\partial L}\right)-r_\alpha\alpha-(1-\alpha)r_M+\frac{\partial C}{\partial D} \tag{5-27}$$

由式（5－27）可知，银行市场的存贷利差与增值税税率正相关，随着T_v的上升，存贷利差将增加，随着 N 的增加，存贷利差将下降；当存贷利差增加时，银行放贷规模缩小，反之放贷规模增加。

以上结论与营业税的讨论一致，只是两种税率下影响程度不同。结合现实税制，假设“营改增”之前T_b为5%，“营改增”后T_v为6%，分别计算两种情况下的存贷利差，得：

营业税时：$$r_L(L)-r_D\approx 1.05\frac{Ne_L}{Ne_L-1}\left(r_M+\frac{\partial C}{\partial L}\right)-r_\alpha\alpha-(1-\alpha)r_M+\frac{\partial C}{\partial D} \tag{5-28}$$

增值税时：$$r_L(L)-r_D\approx 1.06\frac{Ne_L}{Ne_L-1}\left(r_M+\frac{\partial C}{\partial L}\right)-r_\alpha\alpha-(1-\alpha)r_M+\frac{\partial C}{\partial D} \tag{5-29}$$

显然，当其他条件不变时，“营改增”后的存贷利差要大于“营改增”前的存贷利差。如图5－2所示，贷款曲线在征收增值税后继续向下移动到 LL_V，此时银行愿意提供贷款的均衡量变为 L_v^*，又因为 $D^*-L_v^*>D^*-L_b^*$，所以银行放贷规模进一步缩小。

3. 模型分析结论

由于发放贷款是银行的主要经营业务，存贷利差能够在一定程度上代表银行的营运效率，存贷利差率愈大，运营能力就愈好。由前文均衡分析可知，当r_M、r_α、e_L、r_D外生给定时，银行贷款行为受税收政策、竞争程度、管理成本三个方面的影响：

第一，税负高低影响着银行的经营模式。首先，征税将增加银行业的存贷利差，这可能是由于征收后，银行贷款业务的实际收入下降，投资于货币市场的收益相对上升，银行供给贷款的积极性下降。因此，在税收替代效应的作用下，银行将原来用于放贷的资金转投到不征税或税负相对较低的货币市场。其次，“营改增”后，因为与贷款业务直接相关的利息、佣金、手续费支出的进项税额不得抵扣，所以在销项税额适用6%的税率下，增值税的实际税负高于营业税的税负。因此，“营改增”后存贷利差进一步加大，放贷规模进一步减少。

第二，银行业市场竞争程度影响着银行的贷款规模。当市场中在位银行的数量增加，放贷市场的竞争加剧，单个银行不得不以较低的贷款利率争夺市场份额，此时单位放贷资金的收益率减少。然而，贷款利率的降低，增加了企业等顾客的贷款需求，因此放贷规模却呈上升的趋势。如果放贷规模对价格比较敏感，即放贷价格弹性大于1，新增放贷的收益可以弥补存贷利差下降的损失，使放贷业务的总收益上升；反之，在缺乏弹性的情况下，可能会导致总收益的下降。

第三，银行存贷业务的管理成本影响着银行的贷款行为。银行开展存贷业务，除了需要支付存款供给者利息外，还需要有效地甄别贷款客户，以减少贷款损失，提供便捷高效存取款服务，以吸引存款客户等。这些管理成本同样影响着存贷业务利润空间，在同等放贷规模的情况下，管理成本越低，单位放贷资金的收益率越高。

第三节　税收政策对外资进入效应的调节

当贷款市场处于均衡状态时，贷款的边际收益等于边际成本，利润达到最大化。由于营业税或增值税税率是构成银行边际成本的重要组成部分，所以税收政策与竞争程度、需求弹性、边际成本共同影响着银行的贷款规模。因此，理论上税收政策会对外资的进入效用产生作用。

（一）税收政策变动与外资进入的竞争效用

由前文可知，外资以绿地方式进入时，市场上的竞争程度发生变化，其中改变在位银行数量或规模的相对份额是其实现竞争效用的手段之一。如图5-3所示，假设进入的外资银行与内资银行同质，即外资银行与内资银行拥有相等的技术水平，此时不存在技术溢出效应。根据式（5-20）和式（5-27），其他条件不变时，随着N的增加，市场竞争力逐渐增强，单个银行对贷款市场的控制力减弱，因此贷款需求曲线变得平坦，市场总贷款量由L_{n1}增加到L_{n2}，贷存利率差收窄，贷款利率也越来越小。这说明，银行必须以更低的贷款价格吸引客户。虽然银行竞争压力增加，但是企业的贷款成本降低、贷款数量增加，资源配置实现了优化。当N趋向于无穷大时，市场变为完全竞争，贷款总量与完全竞争时的均衡量相等，此时银行传统信贷业务收入刚能弥补银行成本，要想获得额外利润，需另谋出路，间接倒逼了银行业务结构的调整。可见，绿地进入的竞争效应既可能迫使银行控制成本以应对外来竞争者，也可能稀释在位银行的既得利益。

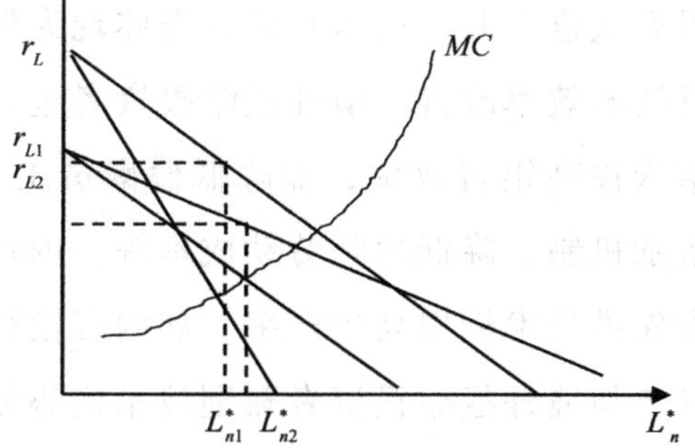

图5-3　外资进入的竞争效应

银行业适用的税收政策变化同样影响着银行的信贷决策。随着税率的升高，贷款量减少的同时，存贷利差增加。因此，税收政策的变化使银行在传统贷款业务与非贷款业务之间进行抉择。当贷款业务相对于其他业务税负下降，贷款业务将变得更有吸引力，贷款规模增加；反之，其他业务将更具有吸引力。在“营改增”税制改革后，贷款业务由于不能享受进项税额的抵扣政策，税负相对提高，一方面税收成本的增加对银行利润具有下行压力，另一方面税负提高使存贷利差加大的同时贷款规模缩小。因此“营改增”税制变革对外资绿地进入的竞争效应具有负向强化作用。

（二）税收政策的变动与外资进入的技术外溢效应

银行边际成本的改变主要是因为先进技术发生了转移，这种变化在外资两种进入方式下都可能发生，在“营改增”的政策背景下，这一效应将被强化。

如果外资银行比内资银行更有效率，将可能发生技术转移。

在绿地进入方式下，技术转移以不同银行间的技术外溢为主。潜在竞争程度的增加和技术外溢能够降低内资银行经营成本，“摘樱桃”效应增加内资银行经营成本。如果外资进入的成本正效应强于成本的负面效应，则内资银行的经营成本降低（C_L'变小）；反之，经营成本上升（C_L'变大）。

在外资以非绿方式进入时，技术转移首先体现为外资银行与被入股或并购的内资银行技术效率改善。境外战略投资者进入可以通过改善内资银行公司治理结构提高银行效率，如降低偷懒员工不被发现的概率、建立有效的员工激励机制、降低边际劳动成本等。内资银行也可以在有效学习和吸收外资先进技术后提高生产率，如内资银行所具有的本地企业信息积累储备优势与境外战略投资者甄别技术优势相结合，降低了内资银行审核贷款企业所花费的时间和资本等成本。随着时间的推移，技术效率率先提高的内资银行与其他内资银行间也会发生技术转移。技术转移使银行的边际成本降低。

税负的增加短期会引起银行业边际成本的上升，虽然“营改增”不能改变内外资银行间的技术差异，引导技术外溢的方向，但成本增加的压力会促进银行努力通过税负消转措施降低经营成本，加速技术外溢的进程，因此缩短了边际成本下降的时间。

从图5-4可以看出，当边际成本减少后，贷款利率下降，贷存利差收窄，但单个银行的均衡产量增加，银行可以以更低的价格为客户提供更多的贷款。单个银行的边际收益取决于贷款利率弹性，如果贷款需求量对利率敏感，则银行信贷业务收入不会因为利率降低而减少；如果需求量对利率不敏感，则利率下降会减少银行传统业务的收入。

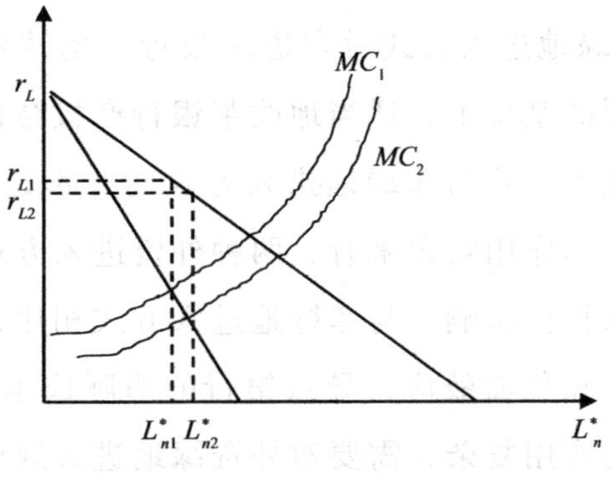

图5-4　外资进入的技术转移效应

（三）传导路径对比

根据上文分析，可以将传导路径总结如下（见表5-3）：

由表5-3可知，两种进入方式对银行绩效的传导路径存在较大差异。在银行业引进外资初期，有些学者否定外资绿地进入对银行业市场绩效积极作用，这些通常是产权理论的支持者，认为中国银行业绩效低下不是因为银行市场缺乏竞争，银行规模过大并不是阻碍其发展的重要原因，真正的原因在于银行内部，核心问题是产权结构，因此这些学者

表 5－3　　外资进入与“营改增”传导机制

进入方式	外资进入效应	“营改增”政策效果	“营改增”调节作用
绿地	竞争负效应： N↑摘樱桃 MC↑（C'_L）（r_L-r_D）↑ $L^*_{n(内资)}$↓，$L^*_{n(外资)}$↑	负面作用： 贷款业务 T↑（r_L-r_D）↑， L^*_n↓	增强 负效应
	竞争正效应： N↑倒逼机制 MC↓（C'_L）（r_L-r_D）↓， L^*_n↑	正面作用： 贷款业务 T↑税负消转 MC↓（C'_L）	增强 正效应
绿地 非绿地	技术外溢效应： MC↓（C'_L）（r_L-r_D）↓，L^*_n↑		

赞成进行银行股权结构的改革[①]。还有些学者认同竞争理论或超产权理论观点[②]，更强调绿地进入方式对东道国银行市场绩效的作用，东道国应在引入竞争机制的基础上，适当地改革银行产权结构。

然而，绿地进入方式与非绿地进入方式间并不是简单的替代关系。第一，从进入方式的作用效果来看，两种外资进入方式都能够给内资银行的市场绩效带来积极影响。与非绿地进入方式相比，绿地进入由于存在竞争的积极效应和负面效应，导致银行的边际成本变动方向不确定，因此对银行绩效的作用复杂，需要对外资绿地进入规模进行引导，以确保竞争程度维持在合理的水平上。第二，从进入方式的作用机制来看，绿地进入方式主要作用于银行组织的外部环境，即“黑匣子”之外的因素，以影响市场绩效；非绿地进入方式则作用于银行组织内部，即“黑匣子”内部因素，以影响市场绩效。因此，如果政策调节适当，将两种外资进入方式保持在合理的进入范围内，则可形成互补优势，即从

① 例如，刘伟和黄桂田（2002）在分析“SCP”分析框架不适合银行业后，提出中国银行应该引入民营经济实体和境外投资主体，改变国有银行单一的产权结构。

② 例如，占硕（2005、2006）认为竞争性市场准入机制可以消除银行的控制租金，市场的可竞争性是境外投资者发挥积极效应的保障之一。

“黑匣子”的内部与外部两个方面共同发掘外资进入的积极作用。

由于税制变革对外资进入效应的影响比较复杂，“营改增”后，既可能加强外资进入的积极效应，也可能对外资进入的负面效应起到强化作用。

第一，税负的增加将使银行的边际成本提高，减少银行的获利空间。如果税收政策对外资银行一视同仁，不存在差别政策，则所有银行的边际成本同增减，当其他条件保持不变，所有类型的银行利润都将减少；如果实施差别税收政策，当内资银行税负相较于外资银行越重，越不利于内资银行绩效的提升，反之则可缓解外资进入带来的竞争压力。由于我国“营改增”实施内、外资银行无差别政策，内外资银行在“营改增”后都将面临利润下降的压力。

第二，如果税制变革导致贷款业务相对其他业务的税负更重（如“营改增”），则外资进入竞争效应的负面作用将进一步增强、存贷利差进一步上升、单个内资银行的放贷规模进一步下降。此时，如果贷款市场缺乏弹性、内资银行通过业务调整不断扩大货币市场和中间业务，则银行整体利润水平将会提升；如果贷款市场富有弹性，而其他业务又止步不前，或其市场扩大带来的收益不足以弥补贷款业务的损失时，内资银行经营状况将进一步恶化。

第三，税负增加具有两面性。一方面，税负增加使银行边际成本上升，虽然可以通过税负转嫁避免利润下降，但税负转嫁受限于市场供需弹性，往往并不能实现税负的完全转嫁，因此短期获利空间将受到挤压。另一方面，获利空间的减少可以倒逼银行采取更先进的管理手段、扩展新业务等措施，以消化税收的负面影响，加快外资进入的技术溢出进程。

（四）研究假设的提出

“营改增”后，外资进入效应是否会发生变化？是否更有利于提升我国银行业的绩效水平？为了回答这一问题，本书将外资进入效应、税制变革对我国银行业市场绩效的作用机理归纳为四个方面，并由此提出研究假设。

当外资以绿地方式进入中国银行市场后，如果其对中国银行业市场绩效产生的积极作用（竞争的正效应+技术外溢效应）显著大于负面作用（“摘樱桃”效应），外资的绿地进入方式能够改善内资银行市场绩效。也就是说，外资绿地进入对内资银行形成倒逼机制，内资银行为维持原有市场份额而被迫采用先进的经营技术，改善内部管理水平，同时内资银行还能免费获得外资技术扩散带来的好处。虽然内资银行一部分优质客户可能被外资银行抢走，但内资银行从外资绿地进入过程中获得的好处大于遭受的损失。当外资以绿地方式进入中国银行市场后，如果其对中国银行业市场绩效产生的积极作用显著小于负面作用，外资的绿地进入方式不利于内资银行市场绩效的提高。也就是说，以绿地方式进入的外资银行，凭借其甄别技术中“硬信息”技术的优势，“窃取”了内资银行原有的优秀客户，内资银行为了维持市场占有率，不得不将更多精力用于“软信息”上，贷款风险增加、成本升高。虽然先进技术的采用和外资的技术外溢对内资银行市场绩效有向上的拉力，但是并不足以弥补优质客户流失带来的损失。由此提出“假说1”：

假说1a：外资的绿地进入方式提高了我国银行业的市场绩效。

假说1b：外资的绿地进入方式降低了我国银行业的市场绩效。

外资银行以战略投资者身份参股内资银行后，一方面内资银行的产权结构得到优化，公司治理结构改善；另一方面通过派遣管理人员、技术培训等战略合作方式，外资金融机构所拥有的先进风险控制技术、管理技术等技术转移到被参股的内资银行内。外资的参股份额越大，内资银行的产权结构越趋于合理化；外资的参股份额越大，外资越有动力改善被参股银行的公司治理结构；外资的参股份额越大，外资向被参股银行转移先进管理方法和先进技术的热情越高。因此，外资参股份额与内资银行市场绩效正相关，外资非绿地进入方式有利于我国银行业市场绩效的提高。由此提出“假说2”：

假说2：外资非绿地进入方式提高了我国银行业的市场绩效。

当“营改增”税负的变动，贷款业务相对于非贷款业务税负升高，倒逼银行调整业务结构、控制经营成本，则“营改增”对中国银行业市场绩效的积极作用显著大于负面作用，行业整体绩效提升；当“营改增”税负的变动增加了银行业成本，而又无法通过业务结构调整、技术外溢等措施缓解成本的上涨，则行业整体绩效将下降。由此提出“假说3”：

假说3a：“营改增”政策提高了我国银行业的市场绩效。

假说3b：“营改增”政策降低了我国银行业的市场绩效。

两种外资进入方式对银行市场绩效的作用路径是不相同的，绿地进入方式主要通过竞争效应和技术外溢效应影响内资银行市场绩效；非绿地方式通过“产权结构→公司治理机制→银行市场绩效”和技术转移影响内资银行市场绩效。由于“营改增”同样可以作用于边际成本和银行绩效，有理由相信“营改增”对外资进入效应存在调节作用。“营改增”导致传统贷款业务税负的增加会强化外资进入的负效应，而倒逼机制会增强外资进入的正效应。由此提出“假说4”：

假说4：“营改增”政策对外资进入效用具有调节作用。

本章小结

本章从理论上详细分析了外资两种进入方式对我国银行业市场绩效的作用机理：外资以绿地方式进入中国银行市场会产生竞争效应和技术外溢效应，进而作用于内资银行市场绩效；非绿地方式按照“产权结构→公司治理机制→银行市场绩效”的传导路径和技术转移作用改变内资银行市场绩效。

根据 Monti－Klein 古诺修正模型可知：增值税与营业税相比，在贷款业务不适用于进项税额抵扣的情况下，“营改增”导致东道国贷款利率价格和存贷利差进一步上升，引起银行内部业务结构的调整。“营改增”一方面能强化外资进入竞争效应的负面影响，使内资导致存贷利差扩大、贷款规模缩小；另一方面税负的增加倒逼银行提高管理效率，进而加快了外资进入的技术溢出进程。

根据以上结论，本章提出了四个假说，后文将结合中国银行业的数据，从银行业市场绩效中的效率和效益两个角度，验证四个假说的正确性。

第六章　外资进入方式对中国银行业市场绩效的实证分析——效率角度

第六章和第七章将对理论分析中提出的四个假说进行验证，即“营改增”政策对外资进入效应影响的实证分析。与既有文献相比，本书实证研究部分具有以下特点：

第一，由文献综述部分可知，虽然已有大量文献实证检验了外资进入对我国银行业市场绩效的影响，但是多数研究忽视了外资的进入方式及税收制度变革。前文理论分析已表明两种进入方式及两种税收制度对银行绩效的作用途径和作用效果都存在明显差异，因此如果将这些因素排除在外，会造成实证检验结果的不准确，所以有必要采取一定的方法将两种进入方式的进入效果分离出来。因此，实证研究部分将代表外资绿地进入方式和非绿地进入方式的变量同时引入实证模型的情况，并引入税收政策与进入方式的交互项，以反映“营改增”在不同进入方式下的影响差异。

第二，由基本概念部分可知，银行市场绩效因包括效益和效率两个方面。效率从质的角度评价市场绩效，反映银行内部的生产或管理效率；效益从量的角度评价市场绩效，反映银行的经营成果。效率和效益不仅评价的侧重点不同，而且两者并不始终一致，如果仅考虑一个方面，则会以偏概全。鉴于此，第六章和第七章分别以效率和效益角度，全面把握外资进入方式对市场绩效的影响。

第三，由于受我国银行业对外开放程度和时间的限制，样本数据时间跨度仅为18年，因此第六章和第七章仅是关于外资进入方式对中国银行业市场绩效短期影响的考察。

此外，金融安全和稳定是我国银行业引进外资的重要前提，目前我国银行业外资进入程度较低，短期内对我国金融安全难以构成威胁，然而随着金融开放的深化，金融安全问题将日益严重，这有待今后进一步改革开放的实践和长期效果的检验。

本章以市场绩效中的效率为角度，采用SFA - Tobit二阶段法实证研究外资两种进入方式对中国银行业绩效的影响：第一阶段，利用随机边界法测算的样本银行技术效率值代表我国银行业的效率；第二阶段，以各内资银行效率值为因变量，以税制改革、外资进入方式和各种控制变量为自变量，构建Tobit模型予以验证。

第一节　中国银行业效率的测算

银行效率指银行在既定投入约束下获得最大的产出，或为达到既定目标而使成本最小化。银行效率包括规模效率、范围效率和“X - 效率”。规模效率是银行的规模经济引起的产出增长率高于成本增长率；范围效率指银行范围经济产生的多业务组合带来的成本的节省。“X - 效率”指除规模经济和范围经济以外所有效率的总和。“X - 效率”更强调人在生产过程中的作用，可以用来反映银行由于管理水平、治理结构等因素使银行达到的状态。因为“X - 效率”被认为是影响企业效率的重要因素，而且目前学者们也主要集中于对“X - 效率”的研究，所以本章以“X - 效率”值代表银行的效率。

一、效率的测算方法

目前测度效率的主要方法为前沿分析法，因此本章将选用前沿分析法测算中国内资银行的效率。前沿法优于非前沿法，主要是因为前沿分析法可以排除市场价格等外在因素对企业表现的干扰，从而能客观地评价企业效率。

前沿分析法的基本思想是：首先，根据样本企业情况，按照一定标准构建企业可能达到最大效率的边界，即有效的前沿，例如生产有效前沿表示在既定的技术水平下，不同产出量对应的最小投入成本，或不同投入成本对应的最大产出量所形成的边界线，那些实际生产行为落在生产前沿线上的生产者是技术有效的（technically efficient）。然后，将被评估企业实际生产情况与有效前沿面进行比较，偏差越大，说明被考察的企业效率越低，反之，差距越小，说明被考察企业效率越高。

（一）非参数法与参数法比较

前沿分析法又分为参数法和非参数法两大类，目前这两种方法在国内外都得到广泛的运用，但是到底哪种方法的效率测度更准确，国内外学者依然没有达成共识。

非参数法主要包括包络法（DEA）和无界分析法（FDH），其中FDH是DEA的一个特例。非参数法构建的技术有效前沿面是非参数型的，即在效率测度时不必事先确定生产函数的具体形式，不需要估计前沿生产函数的参数。非参数法具有指标易分解的优点，如企业（决策单元）的技术效率可以进一步分解为纯技术效率和规模效率，将企业由于规模变动导致技术效率变动的作用区分开来；基于DEA模型的Malmquist生产率指数不仅可以考察企业技术效率的动态变化，而且可以从效率的动态变化中分离出技术进步的变化和技术效率的变化；此外如果有价格信息，还可以计算出配置效率，配置效率与技术效率共同构成企业总体的经济效率。

虽然非参数法在研究企业效率结构变动时具有指标易分解的优势，但是非参数忽略随机因素对效率的影响，使测度出的企业效率值不准确。一方面，非参数法构造的有效前沿面没有包括样本测度误差、异常事件等因素，这些随机因素会导致效率前沿面的移动；另一方面，企业的实际生产情况与理想状况的差异不仅取决于自身条件——技术无效率，而且还受到生产经营外部环境的影响，这些影响是随机的，然而非参数法将随机环境因素引起的企业实际生产点偏离有效前沿的部分也归因于技术的非效率。

非参数的 DEA 法以线性规划法构建的最佳的样本企业的包络面作为效率前沿面，企业效率值为 1（在超效率模型中，可能会出现大于 1 的情况）表示以模型所选的投入和产出指标为比较维度，在给定的产出下（或给定投入时），与其他企业（或其他企业的线性组合）相比，该企业所付出的成本相对最小（或产出相对最大）。当模型选择的指标过多，而样本企业个数较少时，由于缺少可供比较的企业（或企业的线性组合），所以企业的效率值偏高，会增加效率值等于 1 的企业的个数，这一问题不仅不利于有效地区分“好”的企业和“坏”的企业，而且不利于对效率影响因素的分析。FDH 法是 DEA 法的一个特例，计算原理和不足之处与 DEA 法相似，因此这里不加以讨论。

参数法主要有随机边界法（SFA）、厚前沿分布法（TFA）和自由分布法（DFA），其中 SFA 法是最常用的参数法。顾名思义，参数法在构造企业有效前沿面时须根据企业的特征选择合理的函数形式（生产函数形式、成本函数形式和利润函数形式）并估计函数的参数，这是其与非参数法相比的最大劣势。根据有效前沿函数误差项的假设，可以将参数法分为确定性方法和随机方法。确定性方法假设企业与有效前沿面的偏离全部来自于可控因素——技术无效率；SFA 是最早的随机边界法，随机法在估计技术无效性的同时，也意识到生产过程的随机干扰也会影响实际产出情况，这些随机干扰是不可控因素，如天气的变化、运气的好坏、机器的运行状况等。因此，随机参数法在理论上具有非参数法无可比拟的优势。除了考虑随机性误差以外，随机参数前沿法由于离散度小等其他原因，更适合分析效率影响因素的实证研究。Bauer（1998）对使用同一样本（美国1977—1988年683个银行的数据）四种效率测度方法（DEA、SFA、TFA和DFA）的实证结果进行对比，认为选择何种参数法或是何种非参数法，对实证结果的影响并不重要，重要的是选择参数法还是非参数法。也就是说，同一种类的不同方法之间的结果具有一致性，而参数法与非参数法的实证结果之间有显著的差异。作者发现随机参数法的实证结果能反映市场的竞争状况，占主导地位的银行效率值相对较高，而非参数法银行效率值普遍偏低，不能很好地反应现实的竞争环境。此外，通过与标准的非前沿效率测度法（各种财务指标）进行对比，发现随机参数法与非前沿法的实证结果具有一致性，而非参数法与非前沿法实证结果的相关性弱。鉴于参数法具有以上的优势，特别是为了进一步分析外资进入方式对我国银行效率的影响，本书选择参数法中的SFA模型测度银行效率。

20世纪90年代在SFA基础上又发展了TFA和DFA两个新的估计成本有效性的模型。TFA法去掉了单边误差项的假设，具有操作简单易行的优点，适合截面数据和面板数据，但是该方法无法给出每个企业的效率值，对于政策制定者来说，提供的信息量很少；DFA法保留了单边误差项，但没有对其分布做假设，由于该方法要求成本有效性为非时变的，因此只适合截面数据，在分析面板数据时显得无能为力。以上两种方法虽然是对随机参数法改进的有益尝试，但由于还不够成熟，所以SFA仍是主流的参数法（见表6-1）。

基于以上的比较，本书选择参数SFA法测度银行效率：一是本书使用的是跨期数据，从2002年加入世界贸易组织以来，我国银行业不可避免地受到国际金融环境、经济环境等随机因素的影响，因此有必要考虑随机因素对效率值的影响。二是DEA法效率值对投入和产出指标

表 6－1　　参数法与非参数法的对比分析

		参数法	非参数法
劣势	前沿面的函数形式确定	需要事前确定具体的函数形式	不需要确定函数形式
	投入、产出形式的适用性	可以容易地处理单产出的情况，多产出情况处理困难	适合处理多产出的情况
	对样本的要求	对样本容量要求较高	对样本容量要求较低
	实证结果的分解	可以测度技术效率、成本效率、利润效率，但不易分解出规模效应、技术进步的影响	可将效率分解为技术进步、技术效率、纯计算效率、规模效率、全要素指标（Malmquist 指数）
优势	随机误差处理	随机前沿参数法将随机项引入其中，可以分离非效率因素和随机因素的影响	没有考虑随机因素的影响，测度的效率值包含了随机效应的作用，因此效率值往往低于参数法的效率值
	对投入产出指标选择的敏感度	投入、产出变量的选择估计结果的影响较小	估计结果对投入、产出指标的选择非常敏感
	实证结果的显著性检验	显著性检验方便	不易检验
	适用的实证领域	效率测度结果为样本绝对效率值，利于面板数据时间维度下的对比分析和效率影响因素的分析	效率值低于参数法，离散度大，当投入、产出指标过多时，得到有效企业的个数较多，不适用于效率的影响因素分析

资料来源：作者根据所查阅的资料梳理总结。

的选择敏感，在考察既定个数企业的情况下，DEA 法面临两难选择——为了增强 DEA 法的解释力，必须减少投入和产生的指标个数，减少指标个数又意味着信息量缺失，降低 DEA 效率值的准确度。目前学者们最常用的方法是根据经济意义和数据可获得性进行指标筛选和替代指标的选择。这种方法有很大的随意性和主观性，而在参数法中，这一问题相对不重要。三是本章的主要研究任务是从税制的角度评价外资进入方式与内资银行效率的关系，以往研究表明参数法在分析效率影响因素的实证研究中优于非参数法，笔者也亲自检验了基于 DEA 模型的

Malmquist 指数法产生的有效率银行过多，且效率值离散度大，不适合进一步进行实证分析。

（二）参数法 SFA 技术效率的原理

SFA 法可以测算银行投入与产出的关系，即给定产出时企业降低投入量的能力，或在投入量固定的情况下企业得到最大量产出的能力。使用 SFA 法之前首先需要设定前沿函数形式，然后根据设定好的函数形式可以得到企业理想状态下的有效前沿面，最后计算企业实际生产状态到有效前沿面的距离，以测度该企业的技术效率。SFA 的技术效率与 DEA 技术效率的概念相似。

SFA 最早由 Meeusen、Broeck（缩写为 MB，1977）① 和 Aigner，Lovell 和 Schmidt（缩写为 ALS，1977）② 同时提出。MB 与 ALS 提出的生产边界模型引入的组合误差项（composed error terms）由传统的对称分布随机误差与单边误差项（one - side inefficiency component）构成。其技术效率的数学表达式为：

$$y=f(x;\beta)\cdot exp\{\vartheta-\mu\} \tag{6-1}$$

其中，y 表示产出量；x 代表投入量；β 代表技术参数；$f(x;\beta)\cdot exp\{\vartheta-\mu\}$ 代表随机前沿生产函数；第一个误差项 $\vartheta\sim N(0,\sigma_{\vartheta}^2)$ 为随机误差项，表示随机影响因素；第二个误差项 μ 为单边误差项，表示企业的 X 非效率。SFA 对单边误差项有严格的分布假设，如截断正态分布、半正态分布、指数分布和 gamma 分布。

二、投入与产出的界定

有效率的企业意味着能够在既定的约束下，达到产出、利润最大化

---

① Meeusenm, W., J. Broeck, V., Efficiency Estimation from Cobb - Douglas Producton Functions with Composed Error [J]. International Economic Reviews, 1977, 18 (2): 435 -440.

② Aigner, D. J., Lovell. C. A. K., Schmidt, P., Formulation and Estimation of Stochastic Frontier Production Function Models [J]. Journal of Econometrics, 1997 (6): 21 -37.

或成本最小化，因此，无论参数法还是非参数法，都要事先确定企业的投入变量和产出变量。对于普通的生产型企业来说，生产和投入之间有明显的界定。然而，银行是一种特殊的金融机构，人们对银行有多种理解，认识不同，投入产出的划分也随之不同。

（一）生产法（production approach）

生产法将银行视为一般性的生产企业，银行的作用在于使用各种人力和财力为消费者提供金融服务，不仅包括贷款服务，还包括为储户提供存款、理财等各种服务。采用生产法将银行投入界定为资产、固定资产、劳动成本，以及各项经营和代理费用等，将产出定义为银行各项业务的交易量，如存款账户数、企业贷款和抵押贷款账户数等。采用账户数指标来衡量产出，一方面受到银行保密政策的限制，另一方面数量法过于简单，无法区分不同账户的成本，忽略了不同账户对银行效率的贡献差异。

（二）中介法（intermediation approach）

中介法认为，银行是一种为资金供需双方提供金融服务的中介机构，其借助一定的人力和财力吸收存款，通过中介作用将存款转化为各项贷款或投资。银行的投入项一般由劳动成本、资本成本、运营费用、借入资金构成，即劳动力、资产、存款及利息支出、其他费用等；产出指标由贷款资金及其相关业务构成，即各类贷款和投资。因此，中介法将存款视为一种原材料，将贷款和投资视为产出，并且投入和产出的各项构成由其金额来衡量。

（三）其他方法

除此之外，还有附加值法、用户成本法等。附加值法以某一要素对银行价值创造的重要性作为投入产出的判断依据，将贷款、存款这类能产生高附加值的项目作为产出项；将劳动力、固定资产、购入资金等产生较少价值的项目作为投入项。用户成本法将产生收益大于成本项作为产出；反之将产生收益小于成本项作为投入。近几年，人们又将风险、代理问题和信息非对称等因素引入传统的理论框架，如银行资产质量、贷款质量、银行风险偏好。虽然投入产出的界定方法众多，但这些方法都可以视为生产法、中介法，或二者相结合的综合法。

目前学术界对银行投入产出的定义还没有达成共识。本书认为，中介法适合解释银行业的生产经营过程，投入与产出指标说明见表6-2。

表6-2 银行利润效率指标说明

指标分类	符号	指标名称	指标说明
投入指标	W_1	贷款业务价格	利息支出/总存款
	W_2	其他业务价格	手续费及佣金支出/总资产
产出指标	Y_1	总贷款	发放贷款及垫款净额
	Y_2	总存款	吸收存款
	Y_3	其他收益性资产	总收益性资产-贷款及垫款
	Y_4	非利息收入	手续费及佣金收入
其他指标	z	收益性总资产	其他收益性资产①+发放贷款及垫款净额
	π	税前利润	利润总额②

三、银行业效率的测算结果

（一）样本说明

本书样本银行有中国工商银行、中国建设银行、中国银行、中国农业银行、交通银行五大国有银行，渤海银行、招商银行、中信银行、中国民生银行、兴业银行、浦发银行、华夏银行、平安银行、中国光大银

① 其他收益性资产=交易性金融资产+衍生金融资产+买入返售金融资产净额+可供出售金融资产净额+持有至到期投资净额+长期股权投资净额+投资性房地产净额

② 为了保证数值的有效性，将利润总额小于零的数值用“0”替换，相关文献见Tabak, B. M., Fazio, D. M., Cajueiro. D. O., Systemically Important Banks and Financial Stability: The Case of Latin America [J]. Journal of Banking and Finance, 2013, 37 (10): 3855-3866.；张大永，张志伟. 竞争与效率——基于我国区域性商业银行的实证研究 [J]. 金融研究，2019 (4): 111-129.

行、广发银行十大股份制银行，上海银行、北京银行、南京银行和宁波银行四家城市银行。除了以上19家银行外，我国还有众多的城市银行、农村信用合作社和邮政储蓄银行，但是由于获得这些银行的早期数据存在困难，本书选择数据较完整且在我国银行市场上占有重要份额的这19家银行来反映银行业的整体绩效水平①。此外，为了研究各银行在样本期的动态变化，本书选取2002—2019年这19家银行18期共312个观察点的非平衡面板数据进行分析。数据主要来源于国泰安银行数据库与wind数据库。

（二）测算模型

SFA前沿面的函数形式主要有生产函数、成本函数、超越对数函数。本书参照Berger等（2006）和Sun等（2013）的研究，选择利润超越对数函数来评价我国内资银行效率水平的变化，其具体形式如下：

$$\ln\pi/z\,w_2 = \delta_0 + \sum_j \delta_j \ln\left(\frac{y_i}{z}\right)_{it} + \frac{1}{2}\sum_j \sum_k \ln\left(\frac{y_j}{z}\right)_{it} \delta_{jk} \ln\left(\frac{y_k}{z}\right)_{it} + \beta_1 \ln\left(\frac{w_1}{w_2}\right)_{it} + \frac{1}{2}\beta_{11} \ln\left(\frac{w_1}{w_2}\right)\ln\left(\frac{w_1}{w_2}\right)_{it} + \sum_j \phi \ln\left(\frac{y_j}{z}\right)_{it} \ln\left(\frac{w_1}{w_2}\right)_{it} + v_{it} - \mu_{it} \tag{6-2}$$

其中i（$i=1, \cdots, 19$）和t（$t=1, \cdots, 18$）分别表示银行编码和时间期限，y代表银行的产出指标（$j/k=1, \cdots, 4$）。π代表银行的税前利润，w代表投入价格，z代表收益性总资产，具体指标见表6-2。

通过模型的设定可以看出，利润效率指标重在评价银行作为中间机构将存款转换为贷款或投资的能力，因此是对银行金融服务水平的“X-效率”评价。

（三）结果及分析

利用Frontier Version 4.1软件测算这19家银行每年的效率值，结果

①　19家银行总资产规模在2006年末占全国金融机构总资产的70%以上，之后虽占比逐年下降（在2018年末这一指标比重降为58%），但仍然占全国银行业资产总规模的一半以上。

见表6-3、表6-4①：

表6-3　　中国银行各年利润效率值（1）

	2002年	2003年	2004年	2005年	2006年	2007年	2008年	2009年	2010年	2011年
中国银行		0.066	0.115	0.179	0.253	0.333	0.415	0.495	0.569	0.637
建设银行				0.116	0.181	0.257	0.338	0.421	0.501	0.575
工商银行		0.054	0.098	0.156	0.227	0.306	0.388	0.469	0.545	0.615
农业银行	0.512	0.592	0.662	0.722	0.772	0.814	0.849	0.878	0.901	0.920
交通银行			0.188	0.266	0.350	0.434	0.515	0.589	0.655	0.713
兴业银行		0.174	0.251	0.334	0.418	0.499	0.575	0.642	0.702	0.753
广发银行				0.275	0.362	0.447	0.528	0.602	0.668	0.724
浦发银行	0.048	0.089	0.146	0.215	0.292	0.374	0.455	0.532	0.603	0.667
平安银行	0.388	0.476	0.557	0.629	0.693	0.747	0.793	0.831	0.862	0.888
民生银行	0.123	0.190	0.267	0.349	0.432	0.512	0.585	0.651	0.709	0.759
中信银行					0.222	0.304	0.389	0.473	0.550	0.621
光大银行				0.300	0.387	0.472	0.552	0.623	0.686	0.741
华夏银行		0.151	0.224	0.305	0.388	0.470	0.548	0.618	0.681	0.735
渤海银行					0.894	0.915	0.931	0.945	0.956	0.964
招商银行	0.044	0.083	0.137	0.205	0.281	0.362	0.444	0.522	0.593	0.658
上海银行	0.021	0.046	0.085	0.139	0.207	0.283	0.364	0.445	0.522	0.594
南京银行		0.012	0.028	0.058	0.103	0.162	0.232	0.310	0.391	0.471
宁波银行			0.094	0.153	0.224	0.304	0.386	0.468	0.544	0.614
北京银行			0.027	0.057	0.101	0.160	0.231	0.310	0.391	0.471
国有银行	0.512	0.237	0.266	0.288	0.357	0.429	0.501	0.570	0.634	0.692
股份制银行	0.151	0.194	0.264	0.326	0.437	0.510	0.580	0.644	0.701	0.751
城市银行	0.021	0.029	0.059	0.102	0.159	0.227	0.303	0.383	0.462	0.538

表6-4　　中国银行各年利润效率值（2）

	2012年	2013年	2014年	2015年	2016年	2017年	2018年	2019年	排名
中国银行	0.696	0.748	0.792	0.830	0.861	0.887	0.908	0.925	13
建设银行	0.642	0.701	0.753	0.796	0.833	0.864	0.889	0.910	11
工商银行	0.677	0.731	0.778	0.818	0.851	0.878	0.901	0.920	16
农业银行	0.936	0.948	0.958	0.966	0.973	0.978	0.982	0.986	2

① 似然比检验显示，LR统计量为80.12，远远大于0.5%显著性水平下的临界值，拒绝零假设，因此模型的估计有效。

续表

	2012 年	2013 年	2014 年	2015 年	2016 年	2017 年	2018 年	2019 年	排名
交通银行	0.763	0.805	0.840	0.870	0.894	0.914	0.931	0.944	7
兴业银行	0.797	0.834	0.864	0.890	0.910	0.928	0.941	0.953	6
广发银行	0.773	0.814	0.848	0.876	0.900	0.919	0.934		5
浦发银行	0.722	0.770	0.811	0.845	0.874	0.897	0.917	0.933	14
平安银行	0.909	0.927	0.941	0.952	0.962	0.969	0.975	0.980	3
民生银行	0.802	0.838	0.868	0.892	0.913	0.929	0.943	0.954	10
中信银行	0.684	0.738	0.784	0.823	0.855	0.882	0.904	0.923	9
光大银行	0.787	0.826	0.858	0.884	0.906	0.924	0.939	0.951	4
华夏银行	0.781	0.821	0.853	0.881	0.903	0.921	0.936	0.949	8
渤海银行	0.971	0.977	0.982	0.985	0.988	0.990	0.992		1
招商银行	0.715	0.764	0.806	0.841	0.870	0.894	0.914	0.931	15
上海银行	0.658	0.715	0.764	0.806	0.841	0.870	0.894	0.914	17
南京银行	0.547	0.616	0.678	0.732	0.778	0.818	0.851	0.878	19
宁波银行	0.677	0.731	0.778	0.818	0.851	0.879	0.901	0.920	12
北京银行	0.547	0.616	0.678	0.732	0.779	0.818	0.851	0.879	18
国有银行	0.743	0.787	0.824	0.856	0.882	0.904	0.922	0.937	2
股份制银行	0.794	0.831	0.861	0.887	0.908	0.925	0.940		1
城市银行	0.607	0.670	0.725	0.772	0.812	0.846	0.874	0.898	3

注：结果保留 3 位小数。

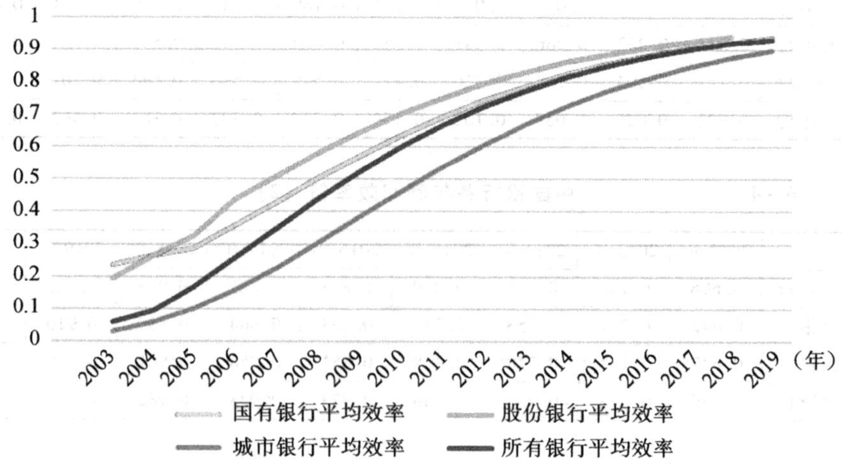

图 6－1　中国银行业利润效率值变化趋势

通过对我国银行利润值的观察，可以从整体上了解我国银行业效率的动态变化情况。

第一，我国银行业经过十几年的发展，取得了喜人的成绩，整个行业的利润效率水平稳步提升，其中城市商业银行利润效率增长速度最快。早期城市商业银行的利润效率值低于0.1，经过多年的发展，效率水平大幅提高，2019年效率值达到0.8以上，上升了约87个百分点。股份银行和国有银行技术效率改进相对缓慢，提高了约70个百分点。

第二，三类银行的技术效率水平趋同显现。2003年城市银行被股份制银行和国有银行远远甩在后面，不过经过十几年的追赶，城市银行与股份制银行效率值的差距由原来的0.19缩小到0.04，并有不断收敛的趋势。

第三，将我国银行业按照所有制属性进行分类，可以发现不同所有制之间存在明显的差异，这说明银行产权结构是影响银行市场绩效的重要原因，因此也在一定程度上支持了非绿地进入方式理论依据中的产权观点。三类银行中，股份制银行的利润效率最高，城市银行的效率最低。城市银行主要服务于地方经济，在一定程度上影响着银行业效率水平的提升。国有银行机构组织庞大、冗员情况严重，劳动力成本明显高于股份制银行。此外，虽然国有银行的存款量占有相当大的市场份额，但是早期不良贷款率明显偏高，拖累了银行利润效率的提高，后期随着国有银行不良贷款的剥离和贷款质量监管制度的完善，信贷质量有了大幅度提升。

然而，有一点需要说明，银行按照SFA效率值大小的排名与一些杂志或网站的排名有出入。2015年中国工商银行被英国《银行家》杂志评为“年度最佳商业银行”，2017年中信银行获得桂冠；2019年招商银行在《银行家》杂志组织的“中国商业银行竞争力”评选活动中，荣获“最佳全国性商业银行”大奖、“全国性商业银行财务评价排名第一”和“全国性商业银行核心竞争力评价排名第三”的骄人成绩。

2019年《金融时报》将中国银行评选为“年度最佳商业银行”……可以说，这些银行一直是银行业的佼佼者，但其利润效率的排名并不领先。银行排名选用的标准不同是造成这一差异的主要原因。《银行家》等知名杂志主要根据各家银行过去一年中的经营亮点和财务表现、产品研发、客户服务等方面的综合得分进行排名。SFA法测度的效率值则是从生产技术角度对银行的表现进行评价和排序，因此可以说是对银行生产过程（金融服务）的效率值，客户对银行的认可度、产品研发质量、资金管理等被排除在外。评价标准不同，结果自然也不同。

第二节　实证检验模型的构建

经济学家 James Tobin 于1958年首次提出 Tobit 模型。该模型用于解决因变量受限或被截断的回归问题。Tobit 模型结构表达式如下：

$$y_i^* = x_i'\beta + \varepsilon_i \tag{6-3}$$

其中，$y_i = y_i^*$，如果$y_i^* > 0$；$y_i = 0$，如果$y_i^* \leqslant 0$ 在 Tobit 模型中，解释变量x_i'取实际观测值，因变量y_i^*则受到一定的限制，如果y_i^*大于某个数，如大于0，则因变量为原观测值；如果小于等于0，则因变量受限均取0。如果因变量受限于一定范围而仍采用普通最小二乘法进行回归，参数估计值为有偏且不一致的估计量，Tobit 模拟则可以得到一致的估计量。根据SFA参数法的原理，各银行的绩效值应介于0到1之间，因变量限定于0—1，因此在分析银行效率的影响因素时，应选用 Tobit 模型。

根据研究的需要，本书将 Tobit 设置为以下形式：

$$Y_{it} = \alpha + \beta X_{it} + \theta T_{it} + \gamma X_{it} \cdot T_t + \omega Z_{it} + \varepsilon_{it} \tag{6-4}$$

Y_{it}为因变量，表示第 i 家银行 t 期的利润效率值。X_{it}为外资进入方式变量。一般来说，可以从外资银行机构规模和资产规模两个角度衡量外资银行的进入程度，本书选用外资银行的机构数（FJG）、外资银行总资产与中国金融机构总资产的比重（FZC）分别代表外资银行绿地进入方式的机构规模进入程度、资产规模进入程度；用内资银行的境外投资者的参股份额代表外资非绿地方式的程度；用T_t虚拟变量代表“营改增”政策的实施。$\theta X_{it} \cdot T_{it}$表示外资进入变量与税制变革交叉变量，用来衡量税收对进入效应的影响程度。

Z_{it}为控制变量，由代表全国经济整体情况的宏观环境控制变量和代表银行个体特征的银行特性控制变量构成。采用国内外学者常用的宏观环境变量 GDP 增长率（Gdp）和消费价格指数（Cpi）代表我国经济发展水平和通货膨胀水平；Typ 代表内资银行特征变量。本书将中国商业银行划分为国有商业银行、股份制商业银行、城市商业银行三大类，其中国有银行与股份制银行为全国性银行，城市商业银行主要服务于地方市场。

模型所用具体指标见表 6－5。其中宏观环境控制变量、外资银行机构数和总资产额来源于历年《中国金融年鉴》和《中国人民银行统计季报》；内资银行的财务指标数据来源于国泰安、wind 数据库；外资参股相关数据主要来源于新浪财经网；个别年份数据来自 bankfocus 数据库。为消除极端值影响，对相应变量采取上下 1% 的 winsorize 缩尾处理。主要变量的统计描述见表 6－6。

表 6－5　　回归模型变量说明

变量类型		名称	符号	说明
因变量		利润效率	Effc	各银行每年的利润效率值
控制变量	宏观环境变量	GDP 增长率	Gdp	GDP 增长率
		通货膨胀率	Cpi	CPI
		产权性质	Typ	银行产权性质，2—股份制银行；1—国有银行；0—城市银行

续表

<table>
<tr><th colspan="2">变量类型</th><th>名称</th><th>符号</th><th>说明</th></tr>
<tr><td rowspan="5">考察的解释变量</td><td rowspan="3">外资进入变量</td><td rowspan="2">绿地进入方式</td><td>Fzc</td><td>外资银行资产规模占比：t 期外资银行总资产/t 期中国金融机构总资产</td></tr>
<tr><td>Fjg</td><td>外资银行机构总数，包括独立法人与分行总行</td></tr>
<tr><td>非绿地进入方式</td><td>Frg</td><td>对数化后的境外战略投资者参股份额①</td></tr>
<tr><td>税收政策变量</td><td>“营改增”政策实施</td><td>Vat</td><td>“营改增”政策：1—2007 年“营改增”以后；0—2007 年“营改增”之前②</td></tr>
<tr><td>税收的调节作用</td><td>税收与进入方式交互项</td><td>Fzc · Vat
Fjg · Vat
Frg · Vat</td><td></td></tr>
</table>

表 6 - 6　　主要变量的统计描述

变量	均值	标准差	最小值	最大值	p25	p75
Effc	0.630	0.276	0.0120	0.992	0.418	0.868
Gdp	13.54	4.659	7.040	23.08	9.170	18.20
Cpi	102.6	1.662	99.30	105.9	101.6	103.3
Frg	2.431	0.685	-1.204	3.215	2.110	2.951
Fzc	1.717	0.326	1.250	2.360	1.340	1.910
Fjg	154.0	27.14	127	223	131	158
Typ	1.307	0.801	0	2	1	2
Vat	0.760	0.428	0	1	1	1

实证检验原则：如果外资绿地进入变量（*Fzc*）的系数显著为正，说明外资的绿地进入方式有利于我国银行效率的提高；如果外资绿地进入变量的系数显著为负，则外资的绿地进入方式不利于我国银行效率的改善。同理，如果外资非绿地进入变量（*Frg*）的系数显著为正，外资战略投资者有利于我国银行效率的提高，反之则阻碍效率的改善。如果

① 中国对外资入股份额上线的限制，导致入股份额数据分布呈右偏形态，因此通过取对数修正数据的右偏形态，使其更接近于正态分布。

② 因为“营改增”从 2006 年 5 月开始，不算一个完整年度，所以 2006 年取值为 0。

“营改增”政策变量（*Vat*）系数显著，“营改增”对银行绩效有显著影响，如果代表税收调节作用的交互项的系数显著，则说明税制变化会影响到外资进入的效果，如果符号显著为正，表明增强外资进入的效果，如果为负，表明对外资进入效果有抑制作用。

第三节　实证结果分析

本书采用 STATA 16 软件对含有 300 个观察值的非均衡面板数据进行 SFA - Tobit 二阶段分析。首先，对面板数据进行相关性分析，结果显示各变量之间相关性显著。其次，经过多重共线性检验，各变量之间不存在多重共线性，可以直接进行回归分析。最后，逐步引入交互项，检验结果见表 6 - 7。结果显示，5 个方程都通过卡方检验，说明方程的拟合度较好，模型具有较高的解释力①。

表 6 - 7　　利润效率 Effc 为因变量的回归结果

变量	方程（1）	方程（2）	方程（3）	方程（4）
Gdp	-0.007 93 *	-0.008 07 *	-0.004 81	-0.004 87
	(-1.71)	(-1.75)	(-1.12)	(-1.14)
Cpi	0.021 6 **	0.021 9 **	0.034 0 ***	0.043 6 ***
	(2.45)	(2.51)	(4.06)	(4.95)
Typ	0.116 ***	0.118 ***	0.113 ***	0.115 ***
	(10.08)	(10.29)	(10.69)	(10.97)
Frg	0.041 0 ***	0.093 9 ***	0.040 9 ***	0.042 9 ***
	(2.85)	(2.65)	(3.09)	(3.27)
Fzc	-0.369 ***	-0.371 ***	0.435 ***	-0.599 ***
	(-6.53)	(-6.61)	(2.89)	(-9.36)

① 相关性检验和多重共线性检验见附录。

续表

变量	方程（1）	方程（2）	方程（3）	方程（4）
Fjg	0.004 36 *** (5.86)	0.004 31 *** (5.84)	-0.000 089 0 (-0.09)	0.009 85 *** (8.69)
Vat	0.591 *** (10.32)	0.741 *** (6.87)	2.172 *** (7.68)	2.462 *** (7.84)
Frg · Vat		-0.062 2 (-1.63)		
Fzc · Vat			-0.982 *** (-5.69)	
Fjg · Vat				-0.0112 *** (-6.05)
c	-2.222 ** (-2.53)	-2.370 *** (-2.70)	-4.185 *** (-4.76)	-5.194 *** (-5.53)
var（*e. effc*）	0.016 2 *** (9.43)	0.015 9 *** (9.43)	0.013 7 *** (9.43)	0.013 4 *** (9.43)
Log *likelihood*	114.58	115.90	129.47	131.20
LR chi2	255.15 ***	257.80 ***	284.93 ***	288.39 ***

注：“*”“**”“***”分别表示在10%、5%和1%显著水平下显著，结果保留3位小数。

根据实证检验结果，可得到以下结论：

结论1：外资以绿地方式进入对内资银行业利润效率的影响比较复杂。

方程（1）实证结果显示绿地进入变量（*Fjg*、*Fzc*）在1%的显著水平上显著，说明绿地进入方式具有显著的进入效应。*Fjg* 与 *Fzc* 的系数符号相反，说明外资银行资产规模的扩张与机构的扩张对内资银行业利润效率的影响不一致。*Fjg* 系数符号为正，说明外资银行机构数额增加有利于中国银行效率的增加，外资银行经营布局在中国市场的进一步延伸、经营网点的不断完善，其特色业务、产品创新等对当地银行的业务及管理产生的示范作用不断增强。此外，外资银行资本规模的扩大，将扭转其地域受限的劣势，增加与内资银行的竞争优势，抢夺内资银行的本土客户，但相较而言，资本扩张带来的负面效应更占主导。总之，机构规模扩张对利润效率提高的边际效用并不大①，外资银行资产规模在中国金融市场上的占比平均每升高1个单位，内资银行利润效率将下降0.37个百分点。

为何外资银行资本规模的增加反而不利于内资银行利润效率的提升？可能与外资银行业务偏好有关。外资银行的业务组成以企业用户为主，零售业务为辅。在贷款业务中，企业贷款占81.07%，个人贷款占18.93%；在存款业务中，企业存款占85.81%，个人存款占14.19%②。单位企业客户的存贷供需量远大于单位个人客户，存贷转换效率更高③，因此银行资本体量越大，越容易吸引企业客户，其对企业客户的争夺将蔓延至内资企业，将不利于内资银行利润效率的提高。此外，从外资银行资产结构来看，投资资产是资产增量的主要构成。自2014年以来，外资银行在华投资开始逐渐增加，在2018年达到最高峰，外资银行频繁在华投资进一步对内资银行产生挤出效应。

总的来说，外资以绿地方式进入中国银行市场后，内资银行的效率表现对资本市场的扩张更敏感。这一结论与黄宪和熊福平（2006）的研究结论④一致，说明外资银行带来的竞争压力要远大于技术外溢。因此，外资银行绿地进入方式的综合效用以竞争负效用为主，即研究“假说1b”得证。

结论2：外资以参股方式进入中国银行市场，有利于内资银行利润效率的提高。

---

① 由于模型自变量数值分布于（0，1）之间，不存在小于0或大于1的值被截断的情况，因此对于潜变量 y^* 的偏效应系数具有参考意义。

② 资料来源：中国银行业协会外资银行工作委员会．外资银行在华发展研究报告2019［R］．北京：中国银行业协会，2020.

③ 根据中国银行业协会外资银行工作委员会发布的《外资银行在华发展研究报告2019》，2019年中国商业银行的存贷比为75.40%，37家外商独资银行的存贷比平均水平为75.98%，略高于监管要求。

④ 黄宪，熊福平．外资银行进入对我国银行业影响的实证研究［J］．国际金融研究，2006（5）：21-27.

方程（1）中 *Frg* 变量系数在1%的显著水平上显著为正，说明境外战略投资者进入后，被参股银行效率得到了改善，验证了前文理论结论：外资以战略投资者入股内资银行可以优化被入股银行的产权结构、提高经营管理水平，有利于内资银行利润效率的提高，内资银行外资战略投资者每增加1%的股份，银行利润效率将提高0.04。由于很多境外投资者后期采取“打了就跑”的策略，以及我国外资入股份额上线的限制，因此系数值不高，限制了积极作用的发挥。因此，外资银行非绿地进入方式提高了我国银行业的市场绩效，即研究“假说2”得证。

此外，银行类型显著影响银行的利润效率。根据 *Typ* 变量的设置，*Typ* 取值最高的股份制银行产权结构最清晰。实证结果显示，*Typ* 变量系数显著为正，说明股权结构是影响银行效率的重要原因，进一步验证了产权理论的假设“国有产权结构是造成国有银行效率低下的主要原因”。

结论3：“营改增”政策对银行利润效应及外资进入效应有显著影响。

首先，方程中税收政策变量 *Vat* 显著为正，“营改增”后，内资银行利润效率较“营改增”之前明显提高，因此“假说3a”得证，“营改增”政策提高了我国银行业的市场绩效。其次，外资进入与税收政策变量的各交互项系数中，除了 *Frg* · *Vat* 项以外，其他均显著，说明外资进入效用受“营改增”政策的影响，“营改增”政策的调节效应显著，即“假说4”得证。图6－2展示了“营改增”前后外资进入效用的变化情况，表6－8为税收政策对利润效率的边际效应。两种进入方式对利润效率的作用在“营改增”前后有明显的差异。在绿地进入方式下，“营改增”后利润效应与银行机构数量关系的强度减弱，而与资产规模的关系得到负向强化，不过随着进入程度的增加，“营改增”的负向调节作用将逐渐减弱。在非绿地进入方式下，增值税和营业税对非绿地进入效应的调节作用方向相同，且增值税的边际效用小于营业税时的边际效用，因此“营改增”后非绿地进入带来的技术外溢效应变弱，但仍然有上升趋势。整体上看，外资进入程度越大，进入效用受政策的影响越小。也就是说，在进入初期，“营改增”后不利于内资银行利润效率的提高，但随着中国银行业开放程度的增加，外资进入带来的“摘樱桃”的负效应得到了缓解，税制变革与银行市场对外开放政策可以相互配合达到最优状态。

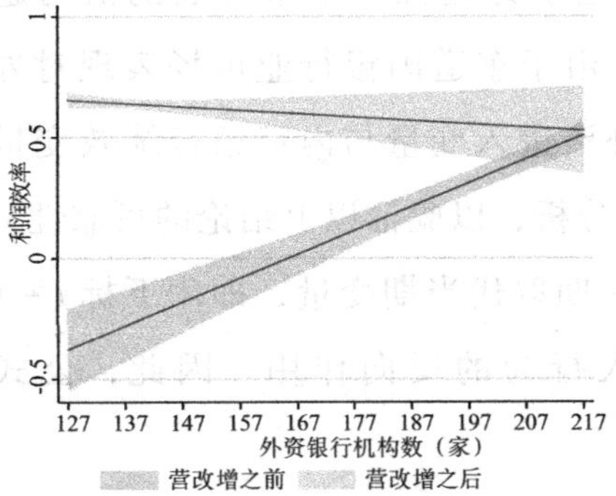

机构数量外资进入效用差异（A）

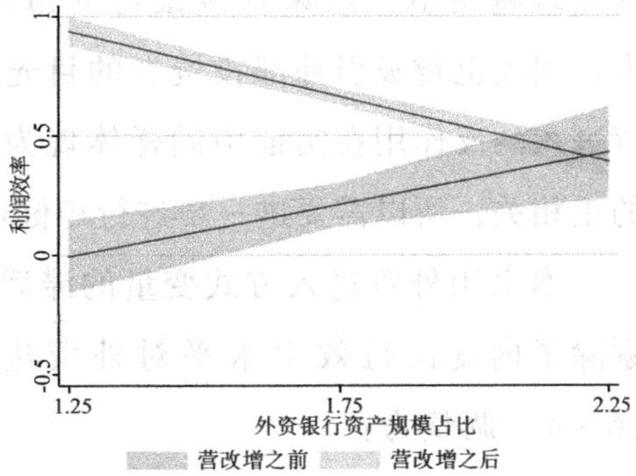

资产规模的外资进入效用差异（B）

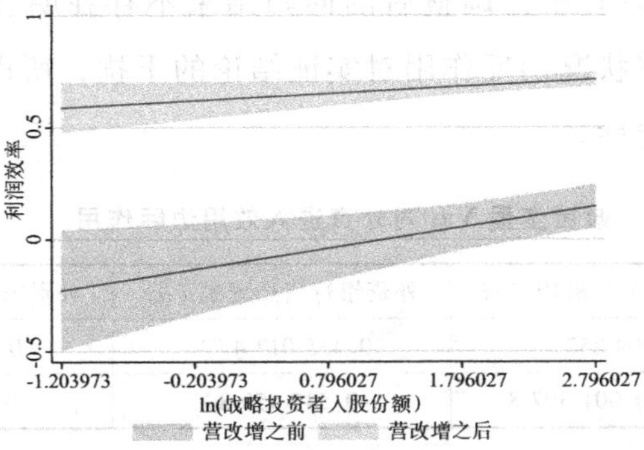

战略投资外资进入效用差异（C）

图6-2　“营改增”前后外资进入效用差（利润效率）

第四节　稳健性检验

外资进入（方式）与东道国银行市场绩效之间可能是一种双向关系：一方面，外资的进入通过改变市场竞争程度、产权结构等途径影响内资银行市场绩效；另一方面，内资银行市场绩效的状况可以反作用于外资。首先，东道国银行业市场绩效的不断提高，一定程度上体现了当地银行市场的活跃和经济发展的迅速，因此东道国的市场机遇吸引外资不断涌入。其次，通常一个银行的内部管理能力和创新力越强、经营状况表现越突出，意味着该银行的市场竞争力越强，未来发展的潜力越大，因此也越吸引外部投资者的目光。由于东道国银行业市场表现对外资进入的反作用在实证中同样体现为外资进入变量与内资银行绩效变量的正相关，所以需要进一步进行稳健性分析，以验证以上结论的可靠性。

本书用外资进入方式变量的滞后一期取代当期变量，即用下标 $t-1$ 剔除了内资银行效率水平对外资进入行为的反向作用。因此，公式（6－4）调整为：

$$Y_{it}=\alpha+\beta X_{i,t-1}+\theta T_{it}+\gamma X_{i,t-1}\cdot T_i+\omega Z_{it}+\varepsilon_{it} \quad (6-5)$$

从表 6－8 可以看出，调整后的回归结果不存在明显差异，因此排除了内资银行效率状况的反作用对实证结论的干扰，所以前文的实证结果具有很好的稳定性。

表 6－8　　政策变量 Vat 对外资进入效用边际作用

	外资银行机构扩张	外资银行资产规模扩张	外资银行战略投资者入股
“营改增”前	0.009 852 2***	0.435 017 4***	0.093 856 9***
“营改增”后	－0.001 397 8	－0.547 450 8***	0.031 670 3**

注：“*”“**”“***”分别表示在 10%、5%和 1%显著水平下显著，结果保留 3 位小数。

表 6－9　　外资进入变量滞后一阶稳健性检验

	方程（1）	方程（2）	方程（3）	方程（4）
Gdp	－0.024 9***	－0.024 9***	－0.023 1***	－0.023 8***
	(－5.65)	(－5.67)	(－6.39)	(－6.50)
Cpi	0.030 4***	0.030 4***	0.035 9***	0.037 4***
	(2.99)	(3.00)	(4.31)	(4.41)
Typ	0.110***	0.111***	0.110***	0.110***
	(9.32)	(9.37)	(11.41)	(11.19)

续表

	方程（1）	方程（2）	方程（3）	方程（4）
Frg（-1）	0.031 6 ** (2.15)	0.064 1 (1.42)	0.037 1 *** (3.08)	0.036 0 *** (2.95)
Fzc（-1）	-0.284 *** (-7.83)	-0.283 *** (-7.82)	0.553 *** (5.83)	-0.355 *** (-11.38)
Fjg（-1）	0.000 664 (1.40)	0.000 673 (1.42)	-0.000 103 (-0.26)	0.010 9 *** (8.93)
Vat	0.359 *** (10.10)	0.449 *** (3.63)	1.944 *** (11.23)	2.392 *** (10.34)
Frg（-1）·*Vat*		-0.036 1 (-0.76)		
Fzc（-1）·*Vat*			-0.921 *** (-9.29)	
Fjg（-1）·*Vat*				-0.011 1 *** (-8.86)
c	-2.255 ** (-2.20)	-2.341 ** (-2.28)	-4.179 *** (-4.84)	-4.784 *** (-5.33)
var（*e. effc*）	0.017 1 *** (9.38)	0.017 0 *** (9.38)	0.011 5 *** (9.38)	0.011 8 *** (9.38)
Log *likelihood*	108.33	108.62	143.42	140.81
LR chi2	226.04 ***	226.62 ***	296.21 ***	290.99 ***

注：“*”“**”“***”分别表示在10%、5%和1%显著水平下显著，结果保留3位小数。

本章小结

本章利用我国19家内资商业银行、18年共312个观察点的非平衡面板数据，采用SFA-Tobit二阶段法，从银行利润效率的角度实证检验了“营改增”背景下外资进入对内资银行效率的影响。

第一阶段，采用SFA法对样本银行的利润效率值（Effc）进行测算，结果显示18年间，我国银行业的效率水平稳步提升，国有银行和城市商业银行的效率改善最明显；不同所有制银行间效率水平存在差异，股份制银行的效率最高，城市银行的效率最低差，但差距逐渐缩小。

第二阶段，运用Tobit实证模型，实证分析外资进入方式、“营改增”政策与银行效率值之间的关系，并重点考察“营改增”对外资进入效应的调节作用。

研究结果表明：

第一，绿地和非绿地两种进入方式对中国银行业市场绩效的作用效果存在差异。外资作为战略投资者的非绿地进入能够提高被参股银行的利润效率。绿地进入方式则比较复杂，总的来说，负向激励大于正面影响。

第二，“营改增”后内资银行利润效率有明显的提高。

第三，“营改增”对外资进入的调节效应显著，且调节作用以短期竞争负效应强化为主。不过，随着外资绿地进入程度的增加，“营改增”的负向调节作用将逐渐减弱，即从银行效率角度，“假说1b”“假说2”“假说3a”和“假说4”得证。

综上所述，不同的外资进入方式导致外资进入效果不尽相同，进而“营改增”政策的调节作用也存在差异。就目前而言，外资进入在一定程度上改善了我国银行业的利润效应，但作用力度并不大。“营改增”政策一方面由于贷款业务税制设计影响了银行放贷行为，利润效率显著提高；另一方面，税负的增加使银行面临成本压力，进一步削弱了外资进入的积极作用。

第七章　外资进入方式对中国银行业市场绩效的实证分析——效益角度

银行“效益”指标与“利润效率”指标一样，都是根据投入与产出的关系来评价银行绩效，但两者又有明显的差别。首先，后者衡量的是一种“距离”，即给定的约束条件下，银行的实际经营结果与理论上最优经济结果之间的距离，前者则是银行的财务表现。其次，后者将银行视为中介机构，着重从吸收存款转换为贷款或投资能力的角度评价银行提供金融服务的效率，前者则在于评价银行获利能力、业务构成、管理水平等效益情况。因此，两者是评价银行绩效的不同方面，所以本章将根据前文银行绩效的概念，从四个方面对银行效益进行实证检验，以全面考察“营改增”下外资进入方式对中国银行业绩效的影响。

第一节　指标选择及模型构建

一、效益指标的选择

本章将银行效益分为资产获利能力、业务结构状况、成本控制能力和风险管理能力四个方面，并分别选取资产回报率（Roa）、业务收入比（Yin）、总营业成本率（Cir）和不良贷款率（Npl）四个财务指标，各指标具体含义如表 7－1 所示：

表 7－1　　内资银行经济效益检验指标

检验内容	指标名称	符号	说明
资产获利能力	总资产净利润率	Roa	净利润/总资产余额
业务结构状况	业务收入比	Yin	佣金及手续收入/佣金及手续费收入＋利息收入
成本控制能力	总营业成本率	Cir	营业总成本/营业总收入[①]
风险管理能力	贷款质量	Npl	不良贷款率

二、实证检验模型的构建

为了验证外资进入是否有利于内资银行效益的改善，本章借鉴 Claessens（2001）[②] 的研究方法，并引入交叉变量，构建以下回归模型：

$$indicator_{it} = \alpha + \beta X_{it} + \theta T_{it} + \gamma X_{it} \cdot T_t + \omega Z_{it} + \varepsilon_{it} \qquad (7-1)$$

因变量 $indicator_{it}$ 为衡量内资银行经营效益的四类财务指标；X_{it}、T_{it}、Z_{it} 的含义和变量构成同式（6－4）相同，这里不再赘述。

与第六章一致，本章以 17[③] 家银行 2002—2019 年的非平衡面板数据为样本。四个效益指标主要来自国泰安数据库，银行不良贷款率个别指标数据来源于 Wind 资讯数据库和 Bankscope 数据库。同时，为了消除极端值影响，对相应变量采取上下 1% 的 winsorize 缩尾处理。统计描述如表 7－2 所示。

---

① 总资产余额＝营业成本＋营业税金及附加＋销售费用＋管理费用＋财务费用＋资产减值损失

② Claessens, S., Demirguc－Kunt, A., Huizinga, H., How does foreign entry affect domestic banking markets? [J]. Journal of Banking and Finance, 2001, 25 (5): 891－911.

③ 国泰安上市银行数据库中缺少渤海银行（2020 年 7 月 16 日上市）和广发银行（截至 2021 年 6 月仍未上市）数据。

表 7－2　主要变量的统计描述

变量	平均值	标准差	最小值	p25	p75	最大值
Roa	0.009 00	0.003 00	0.001 00	0.008 00	0.011 0	0.016 0
Yin	0.092 0	0.055 0	0.008 00	0.048 0	0.132	0.321
Cir	0.568	0.161	0.241	0.477	0.628	1.113
Npl	3	4.836	0.004 00	0.950	2.390	30.66

第二节　回归结果分析

首先，对非均衡面板数据进行分析，通过了相关性分析及多重共线性检验，可以进行回归[①]；其次，效益指标中，除不良贷款率（Npl）以外，根据指标构建原理，数值值应介于 0 到 1 之间，因此，对这三个指标（即 Roa、Yin 和 Cir）的回归分析同样选用 Tobit 模型。最后，逐步引入交互项，检验结果通过卡方检验。

一、外资进入对资产获利能力的影响

获得利润[②]是商业银行经营的最基本目标，是银行效益的主要表现。本章以银行资产回报率 Roa 作为银行获利能力变化的指示剂，它是分析银行盈利能力最常用的财务指标。

自金融危机以来，受宏观经济环境的影响，银行业的资产获利能力不稳定，甚至有下降趋势（见图 7－1）。但整体来看，我国银行业获利能力与加入世界贸易组织初期相比有了大幅提高。在三类银行中，股份

① 相关性检验和多重共线性检验见附录。

② 此处的利润与第六章的利润不同，为会计理论。根据的 Monti－Klein 古诺模型的理论推理，外资进入后将引起内资银行利润的变化。然而，理论模型中的“利润”为经济学中所说的“经济利润”。经济利润＝收入－成本，经济成本中包含了资源使用的机会成本，而会计成本不包括机会成本，经济成本不等于会计成本，因此会计利润大于经济利润。

制银行表现最佳，国有银行获利能力改善最显著，城市银行则受宏观经济的冲击波动最大。

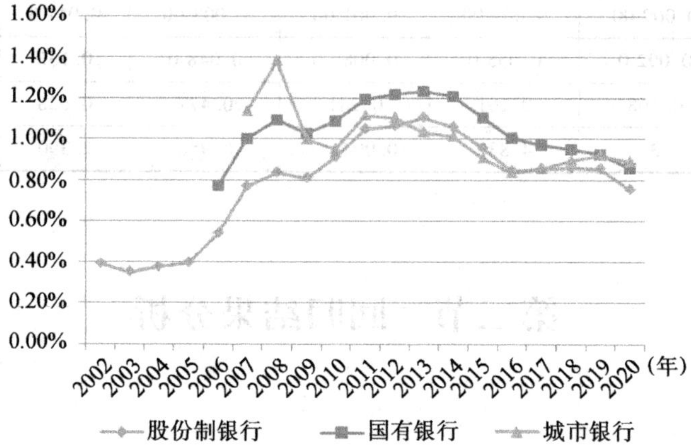

图 7－1　中国银行业资产获利能力变化趋势

表 7－3　　资产回报率 Roa 为因变量的回归结果

	方程（1）	方程（2）	方程（3）	方程（4）
Gdp	−0.000 288*** （−3.91）	−0.000 288*** （−3.90）	−0.000 267*** （−3.70）	−0.000 263*** （−3.71）
Cpi	0.000 381*** （2.68）	0.000 380*** （2.67）	0.000 493*** （3.42）	0.000 577*** （3.93）
Typ	−0.001 15*** （−5.22）	−0.001 15*** （−5.18）	−0.001 13*** （−5.28）	−0.001 12*** （−5.32）
Frg	−0.000 495** （−2.08）	−0.000 584 （−0.77）	−0.000 494** （−2.14）	−0.000 475** （−2.09）
Fzc	0.003 52*** （3.75）	0.003 53*** （3.75）	0.011 9*** （3.71）	0.001 52 （1.43）
Fjg	−0.000 024 8* （−1.79）	−0.000 024 6* （−1.75）	−0.000 058 2*** （−3.19）	0.000 047 6* （1.93）
Vat	0.002 14* （1.84）	0.001 96 （1.05）	0.018 7*** （3.02）	0.023 4*** （3.79）
Frg·*Vat*		0.000 098 6 （0.12）		

续表

	方程（1）	方程（2）	方程（3）	方程（4）
Fzc · Vat			-0.009 73 *** （-2.72）	
Fjg · Vat				-0.000 121 *** （-3.50）
C	-0.028 1 ** （-2.01）	-0.027 9 ** （-1.98）	-0.049 4 *** （-3.15）	-0.059 6 *** （-3.70）
var（*e. roa*）	0.000 003 19 *** （7.97）	0.000 003 19 *** （7.97）	0.000 003 01 *** （7.97）	0.000 002 91 *** （7.97）
Log *likelihood*	623.46	623.47	627.07	629.31
LR chi2	97.76 ***	97.78 ***	104.97 ***	109.45 ***

注："*""**""***"分别表示在10%、5%和1%显著水平下显著，结果保留3位小数。

实证结果显示：

第一，已有研究发现银行竞争与银行绩效之间存在复杂关系（见曹强、谭慧，2020；张大永、张志伟，2019①），本书从外资进入方式的角度实证检验了这一观点：外资绿地进入对内资银行资产获利能力有明显的影响，其中资产规模扩张与内资银行资产盈利能力正相关，而机构扩张降低了资产获利能力。非绿地进入方式不利于内资银行资产获利能力的提高。

首先，外资银行绿地进入方式以积极作用为主。一是银行资产规模越大，其吸引优质客户的能力越强。客户的等级对银行利润有直接影响，当贷款业务集中于优质客户，则银行面临的违约风险越小，盈利能力越有保障；反之贷款客户以次级企业为主时，贷款违约风险越高，导致的损失可能越大，盈利能力越低。目前，在华外资银行的客户群正不断向内资大型国有企业和新经济民营企业拓展，虽然中外抢夺优质客户

① 曹强，谭慧．资产质量、客户集中度与银行效率——基于面板门槛模型的研究［J］．金融论坛，2020，25（11）：29-38.；张大永，张志伟．竞争与效率——基于我国区域性商业银行地实证研究［J］．金融研究，2019（4）：111-129.

资源的竞争压力加大，但是外资银行以外资企业，特别是跨国公司为主要客户的特征没有发生根本性改变。所以外资银行客户类型单一、新客拓展不够，未对内资银行贷款客户格局造成实质性影响。二是理论上银行竞争程度增加会导致存贷利差的降低，传统信贷业务的盈利空间不断被挤压。改革初期我国的存贷利率完全由政府决定，存贷市场的供需变化无法决定存款和贷款价格的变动，价格的传导机制缺失。随着我国利率市场化改革的进一步推进，存款和贷款价格弹性逐步提高，但利率市场化水平还有待进一步提高，这也在一定程度上限制了外资进入对存贷利率的作用①。因此，存贷利差对竞争程度还不够敏感，内资银行的资产获利能力并未随外资资产规模的下降而下降，反而有所提高。三是国内经营网点覆盖面窄是阻碍外资银行在国内开展业务最大的制约之一，机构的扩张直接带来经营网点的增加，有利于外资银行为国内不同类型的企业和个人提供金融服务以提高市场份额。实证结果显示，外资机构数量增加显著降低了内资银行资产盈利能力，但下降幅度不大。这可能是因为外资银行机构分布过于集中于上海、北京和深圳，在其他地区展开竞争的能力有限。

其次，非绿地进入方式对内资银行资产获利能力具有负向影响。造成这一现象可能是外资股东与引资银行的利益并不完全一致。首先，引进的境外投资者可能并非真正意义上的战略投资者，此时外资股东更热衷于提高引资银行股价，以获得高额套现收益、“赚了就跑”，当“战略投资者寡，财务投机者众”②，外资进入不会对内资银行公司治理、生产方式等经营能力提高产生实质性影响，甚至负相关。其次，境外的

---

① 截至2019年底，我国银行净息差分别为：大型商业银行2.12%、股份制商业银行2.12%、城市商业银行2.09%、民营银行3.74%、农村商业银行1.78%。外资银行净息差为1.78%，在中国商业银行中处于最低水平。资料来源：中国银行业协会外资银行工作委员会．外资银行在华发展研究报告2019［R］．北京：中国银行协会，2020.

② 刘家松，聂宝平．商业银行境外引资、股权结构与经营绩效——基于2007—2015年62家商业银行的经验证据［J］．会计研究，2016（10）：34－41.

战略投资者出于长远利益考虑，更注重银行的风险控制、技术创新，从而影响了引资银行盈利能力的提高①。此外，出于金融安全的考虑，2018 年之前境外投资者持股比例长期限定在 25% 以下，入股比例的约束使其难以对内资银行业形成强烈的冲击。

第二，“营改增”政策通过成本倒逼机制，提升了行业整体效益，但影响程度远小于对利润效率的影响。首先，“营改增”政策对内资银行资产收益率提高的促进作用在统计上显著。其次，与第六章结论一致，外资进入与税收政策变量的交互项系数中，除了 *Frg · Vat* 项以外，其他均显著为负。由图 7－2、表 7－4 可知，“营改增”后随外资银行资产规模的扩张，边际效用上升速度减弱；而外资银行机构扩张的边际效用对进入效用具有负向抵销作用。因此，“营改增”政策弱化了外资以绿地方式进入的进入效应，其既弱化了外资银行规模扩张对资产收益率的正向作用，又进一步弱化了外资银行机构扩张的反向作用。从整体上看，“营改增”有利于抑制外资进入的负效应，利于中国银行业在市场开放进程中提高自身效率。

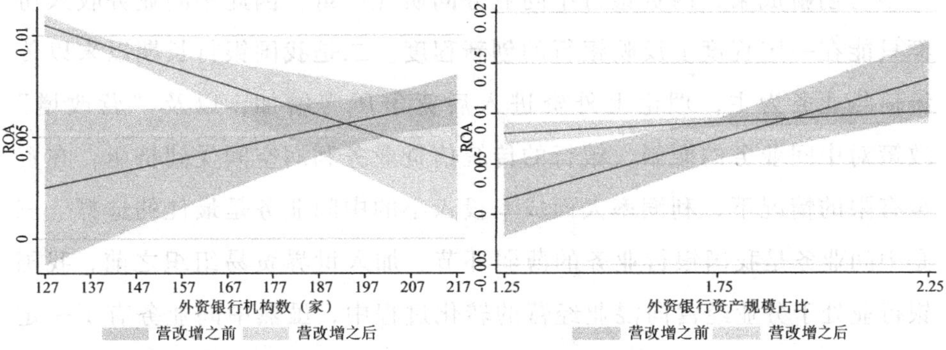

机构数量外资进入效用差异（A）　　资产规模外资进入效用差异（B）

图 7－2　“营改增”前后外资进入效用差异（Roa）

① 赵亮．外资参股对我国商业银行盈利效率的影响研究［J］．技术经济与管理研究，2018（1）：81－85.

表 7-4 “营改增”政策变量 Vat 对外资进入效用边际作用

	外资银行机构扩张	外资银行资产规模扩张
“营改增”前	0.011 878 4***	0.000 047 6*
“营改增”后	0.002 149 6**	-0.000 073 6***

注：“*”“**”“***”分别表示在10%、5%和1%显著水平下显著，结果保留3位小数。

二、外资进入对业务结构的影响

银行效益的第二个表现是业务结构的变动。银行业务由负债业务、资产业务和中间业务三大部分构成，一方面三者收益的结构变动直接体现银行利润来源的动态变化，另一方面中间业务收入份额的变动间接体现着银行产品创新能力的变化和经营模式的调整。这是因为：一是中间业务收入是我国银行监管部门衡量银行创新能力的重要指标，因为银行中间业务包括银行卡、电子银行业务、理财产品等，这些区别于银行传统借贷服务业务的产品和服务项目是我国银行业近年来金融产品和金融服务创新的集中体现。但是，考虑到我国银行的创新多为模仿和吸收国外银行创新成果，内资银行中间业务同质性严重，因此中间业务收入份额只能在一定程度上反映银行的创新程度。二是我国银行长期以来以传统信贷业务为主，理论上外资进入后竞争压力增加，以及“营改增”政策对中间业务的倾斜，银行的传统信贷业务利润空间受到挤压，在资金有限的情况下，利润率大而成本投入小的中间业务是最佳的选择。三是中间业务是我国银行业务的薄弱环节。加入世界贸易组织之前，我国银行业处于分业经营向混业经营的转化过程中，虽然中间业务有了一定程度的提高，但我国并没解除对混业经营的限制，因此内资银行中间业务处于较低水平。相反，进入中国的大多数外资银行属于混业经营模式，无论是实践经验还是技术水平，都强于我国，借助外资银行进入来带动内资银行业务结构的优化，这也是我国银行市场对外开放的原因之一。

本书用佣金及手续费收入与利息收入和佣金及手续费收入之和的比

值（Yin）衡量银行业务结构的动态变化。一是以传统信贷业务为主的负债业务的收入主要来源于放贷的利息，而中间业务收入来自于提供资金管理、财务服务、咨询服务等获得的佣金和手续费。二是这一指标可以反映银行对传统业务的依赖程度，指标值越高，说明对传统负债业务的依赖越少。三是这一指标可以间接体现银行客户的黏性，中间业务收入份额越大，说明客户对其提供服务的依赖性越强，越有利于银行的持续发展。

通过近十几年来我国银行业中间业务的收入份额呈明显的上升趋势可知，业务结构不断优化（见图 7－3）。从业务结构调整速度来看，早期三类银行都以较快的速度调整业务结构，其中股份制银行中间业务上升的速度最快，其次是城市银行，国有银行业务结构调整速度最慢，但 2016 年以后，都出现了下滑趋势。从业务构成来看，股份制银行在 2014 年以后中间业务的收入份额超过了国有银行，最高份额达 18% 以上。

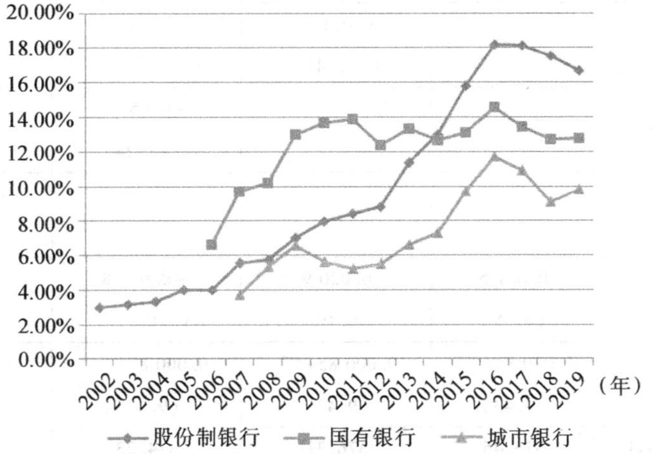

图 7－3　中国银行业业务结构变化趋势

为了进一步验证是否外资的进入及“营改增”政策对内资银行业务结构的调整起到重要作用，根据表 7－5 中 4 个模型的实证结果可以看出，外资进入对银行业务结构优化作用有限，“营改增”政策有利于促进银行开展中间业务。

表 7－5　　业务结构 Yin 为因变量的回归结果

自变量	方程（1）	方程（2）	方程（3）	方程（4）
Gdp	0.000 470 (0.43)	0.000 421 (0.40)	0.000 642 (0.59)	0.000 644 (0.59)
Cpi	－0.000 040 6 (－0.02)	0.000 060 8 (0.03)	0.000 643 (0.30)	0.001 20 (0.54)
Frg	－0.012 7 *** (－3.77)	0.005 39 (0.66)	－0.012 7 *** (－3.78)	－0.012 6 *** (－3.75)
Fzc	－0.066 2 *** (－5.02)	－0.066 9 *** (－5.15)	－0.021 9 (－0.58)	－0.079 3 *** (－4.85)
Fjg	0.000 569 *** (3.28)	0.000 553 *** (3.23)	0.000 324 (1.23)	0.000 881 *** (3.05)
Vat	0.077 3 *** (5.78)	0.128 *** (5.14)	0.164 ** (2.30)	0.183 ** (2.29)
Typ	0.005 49 ** (2.04)	0.006 34 ** (2.38)	0.005 33 ** (1.99)	0.005 43 ** (2.03)
Frg · Vat		－0.021 2 ** (－2.41)		
Fzc · Vat			－0.054 2 (－1.24)	
Fjg · Vat				－0.000 637 (－1.34)
c	0.071 5 (0.35)	0.020 9 (0.10)	－0.036 8 (－0.17)	－0.096 9 (－0.40)
var（e. yin）	0.000 881 *** (9.43)	0.000 854 *** (9.43)	0.000 874 *** (9.43)	0.000 872 *** (9.43)
Log likelihood	373.46	376.31	374.23	374.36
LR chi2	128.52 ***	134.21 ***	130.05 ***	130.31 ***

注：“*”“**”“***”分别表示在 10%、5% 和 1% 显著水平下显著，结果保留 3 位小数。

第一，外资进入对内资银行业务结构的调整以负面作用为主。外资以战略投资者的身份入股内资银行，以及绿地进入方式下的资产规模扩张并没有促进内资银行中间业务的发展，反而产生负向激励；相反，外资银行机构的扩张对中间业务渗透程度更大，产生了正向推动作用，但作用力远小于“营改增”政策（变量 Fjg 系数值远小于变量 Vat 的系数值）。外资银行进入中国后，虽然在中间业务领域表现优秀，但由于业务的限制，且近八成外资银行的净利息收入比例高于 50%（其中华商银行净利息收入占比最高，达 98.59%）①，收入结构的调整相对困难，过于依赖传统信贷业务的局面难以改变，难以很好地发挥示范作用。

第二，我国内资银行经营模式改变很大程度上归因于国内金融监管规定②、税收政策引导及信贷收紧等制度因素的影响。一是相较于外资的进入，“营改增”政策出台对内资银行经营模式转变的促进作用更强。Vat 系数显著为正说明“营改增”政策可以通过改变业务间的税负相对水平影响银行的经营模式。增值税政策规定贷款业务利息收入全额缴纳增值税，且不能抵扣进项税额（包括与之相关的佣金手续费形成的进项税额），非贷款业务则可享受进项税额抵扣政策，因此贷款业务收益的相对下降会引导资源向非贷款业务倾斜，促进银行收入结构的多元化。二是虽然“营改增”对外资进入的边际效应有负向调节作用，但只对非绿地进入方式在统计上显著（见表 7－5、图 7－4）。

三、外资进入对成本控制能力的影响

银行的成本控制是银行管理工作中的重要内容，衡量银行成本控制能力最常用的财务指标是总营业成本率（Cir），该值越低，说明成本控制管理水平越高、银行当期的利润越高。此处须与第六章生产效率指标相区别，SFA 效率值的产出既包括收入类指标，又包括存贷款量等规模

---

① 中国银行业协会外资银行工作委员会．外资银行在华发展研究报告 2019 [R]．北京：中国银行业协会，2020.

② 2007 年银监会金融创新监管工作会议中就我国三类银行业中间业务的比重提出了指导目标：大中型银行要力争通过 5 年至 10 年的努力，中间业务收入占比由 17% 提高到 40%—50%；城市商业银行经过 5 年左右的努力，中间业务收入占比由 3.67% 提升到 20%；农村合作金融机构中间业务收入从不到 1% 力争达到 10%。

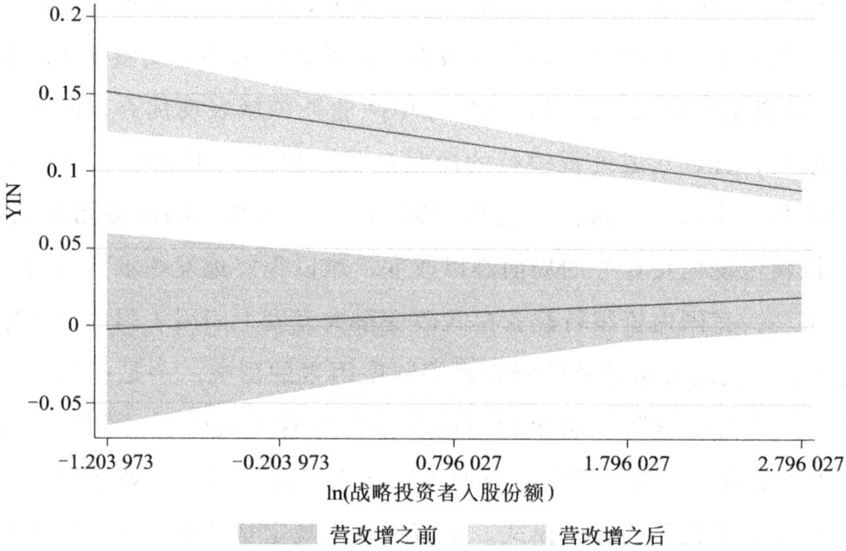

图 7－4　“营改增”前后外资进入效用差异（Yin）

指标，衡量银行提供金融服务的能力；银行总营业成本率则将获得的收入视为银行产出，表示每单位营业总收入中营业总成本所占的比重，并考虑了税收和各项费用的影响，但将资产规模、收入结构等因素排除在外。

银行总营业成本率变化的趋势（见图 7－5）显示，银行业成本控制能力的提升并不顺利，十几年间经过了两次起落：第一次上涨出现在金融危机期间，另一次出现在 2013—2018 年。中国加入世界贸易组织前期，三类商业银行成本控制能力有较大差异，经过若干年的发展，这种差异具有缩窄的趋势。

表 7－6 和图 7－7 的实证结果显示：

第一，“营改增”政策显著降低了内资银行营业总成本率，进一步证明“营改增”倒逼银行采取更先进的成本控制手段，以抵消传统贷款业务获利空间减少的负面影响。同前文结果一致，“营改增”可以减弱外资的进入效果。

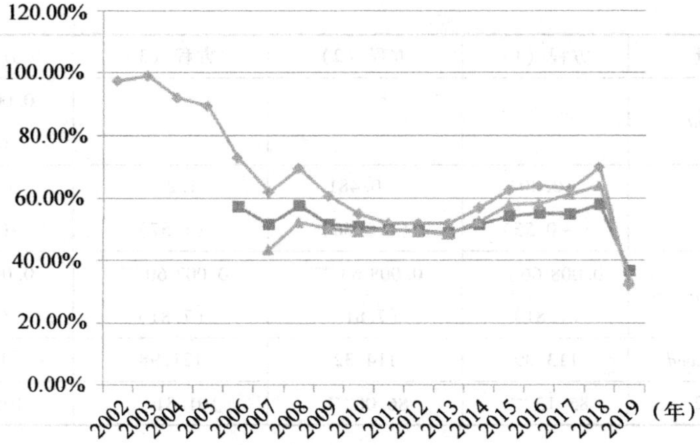

图 7-5　中国银行业成本控制能力变化趋势

表 7-6　营业总成本率 Cir 为因变量的回归结果

自变量	方程（1）	方程（2）	方程（3）	方程（4）
Gdp	0.003 64 (0.95)	0.003 59 (0.94)	0.002 03 (0.56)	0.001 81 (0.51)
Cpi	0.011 5 (1.55)	0.011 8 (1.59)	0.002 82 (0.39)	-0.002 60 (-0.36)
Frg	0.013 8 (1.11)	0.049 9 (1.22)	0.013 7 (1.17)	0.012 4 (1.10)
Fzc	-0.151*** (-3.09)	-0.154*** (-3.14)	-0.792*** (-4.92)	-0.007 58 (-0.14)
Fjg	0.000 769 (1.06)	0.000 669 (0.91)	0.003 33*** (3.63)	-0.004 49*** (-3.63)
Vat	-0.197*** (-3.23)	-0.126 (-1.29)	-1.466*** (-4.71)	-1.734*** (-5.61)
Typ	0.048 2*** (4.19)	0.047 0*** (4.07)	0.046 7*** (4.33)	0.046 0*** (4.39)
Frg · Vat		-0.039 7 (-0.93)		
Fzc · Vat			0.746*** (4.15)	

续表

自变量	方程（1）	方程（2）	方程（3）	方程（4）
Fjg · Vat				0.008 76*** (5.07)
C	-0.404 (-0.55)	-0.481 (-0.66)	1.239 (1.57)	1.872** (2.34)
var (e. cir)	0.008 66*** (7.81)	0.008 63*** (7.81)	0.007 60*** (7.81)	0.007 19*** (7.81)
Log likelihood	113.89	114.32	121.98	125.62
LR chi2	85.13***	86.00***	101.31***	108.58***

注：“*”“**”“***”分别表示在10%、5%和1%显著水平下显著，结果保留3位小数。

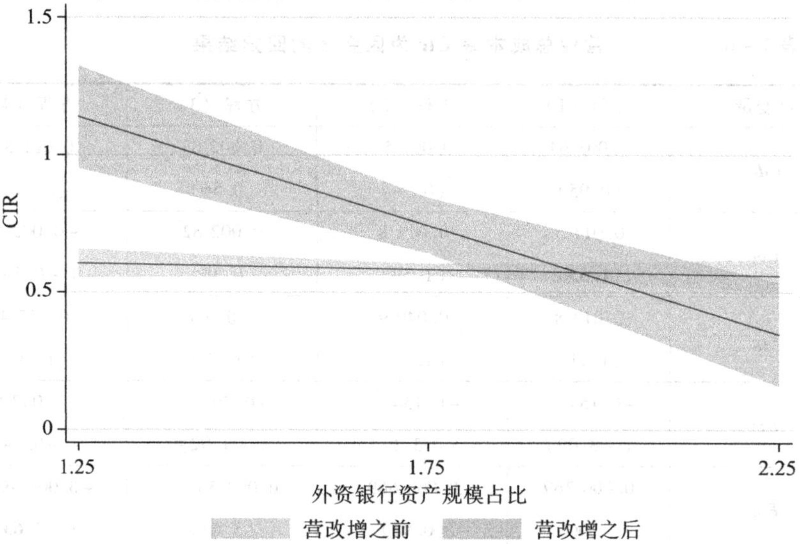

图7-6 “营改增”前后外资进入效用差异（Cir）

第二，外资的进入效用并不理想。首先，根据产权理论和技术转移理论，产权结构优化能够增强激励作用和预算约束力，管理者和技术人员的派遣能够提升管理技术水平，这些都有利于被参股银行成本控股能力的增强。实证结果显示，非绿地进入变量与银行管理费用率成正向关系，但在统计上不显著，因此境外投资者没有改善中国银行业成本控制力。其次，外资绿地进入的资产规模与成本控制能力显著负相关，内资银行降低经营成本的努力对资产规模扩张带来的竞争压力更敏感。

四、外资进入对风险管理能力的影响

脱胎于计划经济体制的中国银行业，长期以来的经营方式，特别是信贷业务的经营，基本上为粗放模式。银行不计成本盲目的扩张会导致不良贷款率攀升，过高的不良贷款率不仅严重制约着银行未来的发展，而且会成为国家经济发展的隐患。鉴于控制不良贷款的重要性，银监会2006年4月颁布《国有商业银行公司治理及相关监管指引》，将不良贷款率（NPL）作为评估和检测银行市场绩效的指标之一。第一，不良贷款率是信贷业务质量的重要财务指标，反映银行信贷资产的安全状况。不良贷款率越低，说明贷款业务的风险小，贷款质量好；不良贷款率低，说明银行收回贷款的风险大，贷款质量差。第二，粗放经营模式固有的经营管理水平低，风险防范能力差是不良贷款产生的主要内因，因此不良贷款率间接反映银行管理和风险防范水平。加入世界贸易组织初期，我国银行业贷款质量问题严重，国有银行不良贷款问题非常高，不良贷款率与国际先进银行应保持在5%以下的要求相差甚远；股份制银行的情况虽然好很多，但也高达7.71%。不良贷款问题引起监管部门和银行自身的重视，经过多年的努力，银行贷款质量大幅提高，不良贷款率已远低于银行监管部门5%的要求，基本维持在1%左右（见图7－7）。相比之下，外资银行表现更好，不良贷款率远低于内资商业银行①。

表7－7和图7－8的实证结果显示：

第一，外资进入方式总体上能提高内资银行的贷款质量，这得益于银行竞争格局优化带来的积极作用和技术外溢效应大于外资进入“摘

① 中国银行业协会外资银行工作委员会．外资银行在华发展研究报告2019［R］．北京：中国银行业协会，2020.

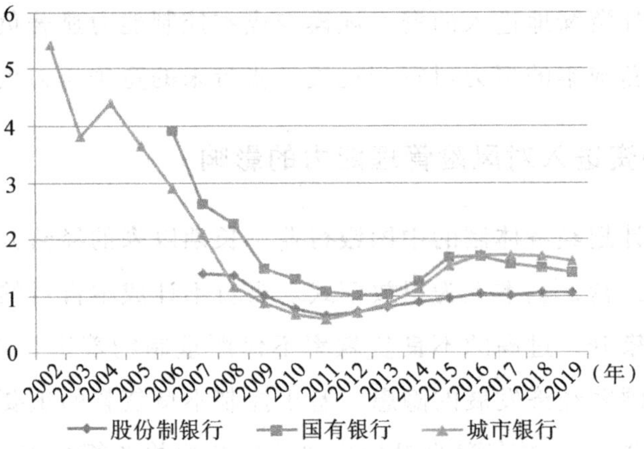

图 7－7　中国银行业风险管理能力变化趋势

表 7－7　不良贷款率 Npl 为因变量的回归结果

自变量	方程（1）	方程（4）	方程（3）	方程（2）
Gdp	0.058 2 * (1.71)	0.052 9 (1.57)	0.042 3 (1.31)	0.038 9 (1.24)
Cpi	0.034 6 (0.54)	0.043 8 (0.69)	−0.046 5 (−0.73)	−0.124 * (−1.91)
Frg	0.178 (0.95)	1.036 ** (2.59)	0.146 (0.83)	0.165 (0.97)
Fzc	−0.785 * (−1.84)	−0.843 ** (−2.00)	−6.105 *** (−4.85)	0.802 * (1.68)
Fjg	0.000 383 (0.07)	0.000 440 (0.08)	0.025 9 *** (3.26)	−0.041 8 *** (−4.59)
Vat	−2.145 *** (−4.63)	−0.010 9 (−0.01)	−12.71 *** (−5.28)	−15.97 *** (−6.48)
Frg · *Vat*		−0.840 ** (−2.41)		
Fzc · *Vat*			6.369 *** (4.46)	
Fjg · *Vat*				0.081 7 *** (5.69)
c	−0.054 0 (−0.01)	−2.988 (−0.46)	13.76 ** (2.00)	22.15 *** (3.13)
$\bar{R}^2$	0.47	0.49	0.53	0.57
F	22.88 ***	21.06 ***	24.88 ***	28.27 ***

注：“*”“**”“***”分别表示在 10%、5% 和 1% 显著水平下显著，结果保留 3 位小数。

樱桃”的负面效应。一是，外资绿地进入下的资产规模扩张显著促进内资银行贷款质量的提升，而机构扩张虽具有抑制效应，但统计上并不显著，且系数远低于前者。二是，外资的非绿地进入方式抑制了内资银行贷款质量的提升，但相较于促进效应，作用不大，且在统计上不具有显著性。内资银行引入战略投资，期望借助外资机构在信贷风险衡量、监控和决策方面的技术和制度优势，提高内资银行风险管理水平。理论上外资参股份额越大，提升效果越显著，然而由于外资入股份额的长期限制，实际效果并不理想。

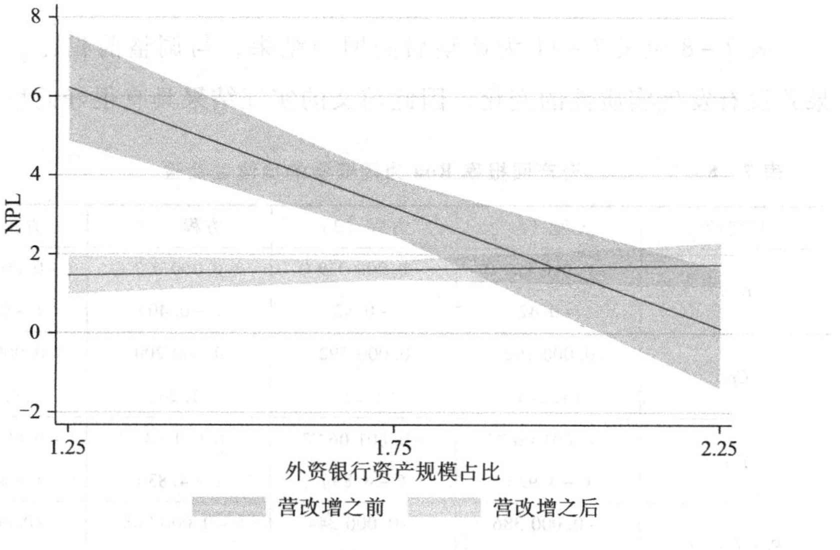

图 7－8　“营改增”前后外资进入效用差异（Npl）

第二，“营改增”政策此时仍具有明显优势。一是“营改增”对降低不良贷款率的促进作用强于外资银行资产规模扩张的促进作用，Vat 变量系数（－2.145）远大于 Fzc 变量系数（－0.785），说明“营改增”引起传统贷款业务获利空间的减少将倒逼银行采取更先进的风险管理，提升风险管控能力。二是“营改增”政策后，外资进入对不同资产规模内资银行的不良贷款率影响的差异明显减少。

第三节 稳健性检验

与第六章类似，稳健性检验中仍用外资进入方式变量的滞后一期取代当期变量，则式（7－1）调整为：

$$indicator_{it} = \alpha + \beta X_{it} + \theta T_{it} + \gamma X_{i,t-1} \cdot T_t + \omega Z_{it} + \varepsilon_{it} \tag{7-2}$$

表7－8至表7－11为调整后的回归结果，与调整前相比，回归结果并没有发生实质性的变化，因此前文的实证结果具有很好的稳定性。

表7－8　　资产回报率Roa为因变量的稳健性检验

自变量	方程（1）	方程（2）	方程（3）	方程（4）
Gdp	－0.000 029 0 （－0.42）	－0.000 029 0 （－0.42）	－0.000 027 6 （－0.40）	－0.000 027 6 （－0.40）
Cpi	0.000 192 （1.21）	0.000 192 （1.21）	0.000 200 （1.26）	0.000 213 （1.36）
Typ	－0.001 06*** （－4.92）	－0.001 06*** （－4.89）	－0.001 04*** （－4.83）	－0.001 02*** （－4.78）
Frg（－1）	－0.000 386 （－1.64）	－0.000 344 （－0.40）	－0.000 368 （－1.56）	－0.000 354 （－1.52）
Fzc（－1）	0.001 53*** （2.69）	0.001 53*** （2.68）	0.003 46 （1.33）	0.001 34** （2.33）
Fjg（－1）	－0.000 018 9** （－2.53）	－0.000 018 9** （－2.53）	－0.000 019 8*** （－2.62）	0.000 032 5 （1.07）
Vat	0.002 78*** （4.06）	0.002 88 （1.44）	0.006 38 （1.34）	0.012 9** （2.20）
Frg（－1）·*Vat*		－0.000 045 6 （－0.05）		

续表

自变量	方程（1）	方程（2）	方程（3）	方程（4）
Fzc（-1）·*Vat*			-0.002 03 (-0.76)	
Fjg（-1）·*Vat*				-0.000 053 6* (-1.74)
c	-0.010 4 (-0.65)	-0.010 4 (-0.65)	-0.014 5 (-0.86)	-0.022 1 (-1.29)
var（*e. roa*）	0.000 003 29*** (8.12)	0.000 003 29*** (8.12)	0.000 003 28*** (8.12)	0.000 003 22*** (8.12)
Log *likelihood*	645.91	645.91	646.20	647.40
LR chi2	78.92***	78.93***	79.50***	81.90***

注："*""**""***"分别表示在10%、5%和1%显著水平下显著，结果保留3位小数。

表7-9　　　业务结构IBN为因变量的稳健性检验

自变量	方程（1）	方程（2）	方程（3）	方程（4）
Gdp	-0.000 029 0 (-0.42)	-0.000 029 0 (-0.42)	-0.000 027 6 (-0.40)	-0.000 027 6 (-0.40)
Cpi	0.000 192 (1.21)	0.000 192 (1.21)	0.000 200 (1.26)	0.000 213 (1.36)
Typ	-0.001 06*** (-4.92)	-0.001 06*** (-4.89)	-0.001 04*** (-4.83)	-0.001 02*** (-4.78)
Frg（-1）	-0.000 386 (-1.64)	-0.000 344 (-0.40)	-0.000 368 (-1.56)	-0.000 354 (-1.52)
Fzc（-1）	0.001 53*** (2.69)	0.001 53*** (2.68)	0.003 46 (1.33)	0.001 34** (2.33)
Fjg（-1）	-0.000 018 9** (-2.53)	-0.000 018 9** (-2.53)	-0.000 019 8*** (-2.62)	0.000 032 5 (1.07)
Vat	0.002 78*** (4.06)	0.002 88 (1.44)	0.006 38 (1.34)	0.012 9** (2.20)
Frg（-1）·*Vat*		-0.000 045 6 (-0.05)		

续表

自变量	方程（1）	方程（2）	方程（3）	方程（4）
Fzc（-1）·*Vat*			-0.002 03 (-0.76)	
Fjg（-1）·*Vat*				-0.000 053 6* (-1.74)
c	-0.010 4 (-0.65)	-0.010 4 (-0.65)	-0.014 5 (-0.86)	-0.022 1 (-1.29)
var（*e. roa*）	0.001 07*** (9.38)	0.001 06*** (9.38)	0.001 04*** (9.38)	0.001 04*** (9.38)
Log *likelihood*	352.33	352.91	354.53	354.69
LR chi2	114.80***	115.95***	119.20***	119.53***

注："*""**""***"分别表示在10%、5%和1%显著水平下显著，结果保留3位小数。

表7-10　　　不良贷款率NPL为因变量的稳健性检验

自变量	方程（1）	方程（2）	方程（3）	方程（4）
Gdp	-0.046 0 (-1.64)	-0.050 4* (-1.83)	-0.050 2* (-1.87)	-0.048 6* (-1.84)
Cpi	0.137** (2.15)	0.139** (2.23)	0.116* (1.90)	0.110* (1.82)
Frg（-1）	0.085 4 (0.52)	1.105*** (2.81)	0.044 9 (0.28)	0.051 5 (0.33)
Fzc（-1）	-0.126 (-0.53)	-0.156 (-0.67)	-3.202*** (-4.07)	0.105 (0.46)
Fjg（-1）	0.013 6*** (4.51)	0.013 8*** (4.70)	0.015 6*** (5.39)	-0.027 3*** (-2.88)
Vat	-1.901*** (-8.02)	0.607 (0.66)	-7.689*** (-5.36)	-9.960*** (-5.54)
Frg（-1）·*Vat*		-0.990*** (-2.84)		
Fzc（-1）·*Vat*			3.325*** (4.08)	

续表

自变量	方程（1）	方程（2）	方程（3）	方程（4）
Fjg（-1）·*Vat*				0.043 5 *** (4.52)
c	-12.36 * (-1.91)	-15.07 ** (-2.36)	-4.997 (-0.78)	-2.208 (-0.34)
$\overline{R}^2$	0.49	0.52	0.54	0.55
F	24.39 ***	23.03 ***	25.45 ***	26.51 ***

注：“ * ”“ ** ”“ *** ”分别表示在10%、5%和1%显著水平下显著，结果保留3位小数。

表7-11　　管理费用率CIR为因变量的稳健性检验

自变量	方程（1）	方程（2）	方程（3）	方程（4）
Gdp	-0.007 65 ** (-2.19)	-0.007 67 ** (-2.21)	-0.007 88 ** (-2.31)	-0.007 80 ** (-2.36)
Cpi	0.018 1 ** (2.25)	0.018 2 ** (2.28)	0.016 8 ** (2.14)	0.015 7 ** (2.06)
Typ	0.044 7 *** (4.10)	0.042 9 *** (3.94)	0.042 0 *** (3.94)	0.040 6 *** (3.92)
Frg（-1）	0.007 99 (0.67)	0.064 7 (1.47)	0.004 87 (0.42)	0.004 50 (0.40)
Fzc（-1）	-0.045 2 (-1.56)	-0.043 2 (-1.50)	-0.370 *** (-2.88)	-0.024 0 (-0.86)
Fjg（-1）	0.000 824 ** (2.18)	0.000 836 ** (2.22)	0.000 971 ** (2.60)	-0.004 85 *** (-3.27)
Vat	-0.183 *** (-5.26)	-0.056 2 (-0.56)	-0.788 *** (-3.33)	-1.301 *** (-4.56)
Frg（-1）·*Vat*		-0.061 3 (-1.34)		
Fzc（-1）·*Vat*			0.341 ** (2.59)	
Fjg（-1）·*Vat*				0.005 91 *** (3.94)

续表

自变量	方程（1）	方程（2）	方程（3）	方程（4）
c	-1.127 (-1.39)	-1.259 (-1.55)	-0.423 (-0.51)	0.177 (0.21)
var（*e. roa*）	0.008 46*** (8.01)	0.008 36*** (8.02)	0.008 04*** (8.01)	0.007 57*** (8.02)
Log *likelihood*	122.19	123.08	125.44	129.55
LR chi2	60.60***	62.39***	67.12***	75.33***

注：“*”“**”“***”分别表示在10%、5%和1%显著水平下显著，结果保留3位小数。

本章小结

本章从银行效益角度，实证检验了“营改增”背景下外资进入对中国银行业市场绩效的影响。本章将银行效益分为资产获利能力、业务结构状况、成本控制能力和风险管理能力四个方面，分别用总资产净利润率、业务收入比、总营业成本率和不良贷款率四个财务指标代表内资银行上述四个方面的能力。实证结果表明：

第一，外资进入在一定程度上改善了内资银行效益，但作用有限。首先，外资绿地进入的资产规模扩张以积极效应为主，资产获利能力、成本控制力和风险管理能力三个方面随外资资产规模的扩大都有明显的改善；外资银行机构数的增加只有在业务结构优化方面体现积极作用。其次，境外战略投资者的引入对内资银行效益的提升没有促进作用，甚至一定程度上具有抑制作用，这与国内不少文献的实证结果相似。非绿地进入方式对内资银行效益作用有限的原因可能是境外战略投资者发挥积极作用所需的条件没有得到满足。

第二，制度因素是影响内资银行效益的重要影响因素。相比外资的进入，税收政策的引导作用更强。“营改增”后内资银行效益的四个方面都得到显著改善，说明“营改增”政策倒逼内资银行优化经营和管理方式具有积极作用；“营改增”对外资进入效应以负向调节作用为主，并降低了外资进入与银行效益关系的强度。

第八章　主要结论与政策建议

第一节　主要结论

1979 年开始，中国银行业根据“体制外增量改革”的思路，在保持国有银行主体地位和产权结构下，逐步引入多元化的竞争主体和多元化的股权结构。加入世界贸易组织以来，中国银行业对外开放的步伐加快，开放程度不断深化。外资绿地进入方式的限制不断取消，外资银行的经营区域从东部沿海地区逐渐扩大到全国范围，从专营外国居民的外币业务拓展到本国居民的人民币业务；非绿地进入方式的进入壁垒也有所降低，单家外资机构入股内资银行的比例上限逐步取消。外资银行的机构数量和总资产多年来稳步攀升，境外机构对参股内资银行也表现出极大的热情。从目前情况来看，内资银行的整体面貌已发生巨大变化，不良贷款率大幅下降，技术效率、业务结构明显好转，银行的综合竞争力显著提高。然而，中国银行业从改革之初就不乏争议，特别是在新税制环境下重新评价外资的进入效应，有利于为银行业全面开放格局构建中完善金融税收体制提供理论依据。鉴于此，本书以“营改增”为切入点，阐述了两种进入方式影响中国银行业绩效的机理，理论推导了税收制度对绩效的直接作用及其对外资进入的调节效应，并从利润效率和效益两个角度对中国银行业的实践情况进行了比较全面的考察。主要结论如下：

第一，回顾中国银行业对外开放的历史进程，可以发现我国与其他新兴国家一样，对外资的态度都经历了由抵触到接纳的过程，相比而言我国外资进入程度更低。从外资进入方式的特征来看，外商独资银行（绿地进入方式）和以境外战略投资者身份参股内资银行（非绿地进入方式）是我国银行业外资进入的主要方式，也是我国区别于其他国家的重要特征。银行业对外开放初期，外资进入以绿地方式为主，具体形式经历了由代表处、外国银行分行向具有法人资格的外商独资银行转化。2003 年之后，参股内资银行的非绿地进入方式成为主流，然而当外资股份禁售期满后，外资参股热情急转直下，纷纷抛售内资银行股份。

第二，银行业外资进入的两种方式通过不同的途径影响银行业市场绩效。外资绿地进入方式主要作用于“黑匣子”（银行组织）之外的要素，通过竞争效应和技术外溢效应影响内资银行市场绩效；非绿地方式作用于“黑匣子”内部，通过“产权结构→公司治理机制→银行市场绩效”和技术转移影响内资银行市场绩效。

第三，Monti - Klein 古诺修正模型分析表明，“营改增”对内资银行的影响具有两面性。既可以通过增加银行税负使银行边际成本提高、减少获利空间以增强外资进入的负面效应，又可以倒逼银行采取更先进的管理手段、扩展新业务等措施以消化税收的负面影响，加快了外资进入的技术溢出进程。最终影响取决于外资进入的方式和银行市场的需求弹性。

第四，实证结果显示：首先，两种进入方式的进入效应有明显的区别。非绿地进入方式能显著提高内资银行的利润效率，但在以财务指标衡量的效益方面表现不佳。在绿地进入方式下，资产规模与内资银行表现具有较强的相关性，进入程度越深，效益指标越高，但对利润效率的作用相反；机构数量的增加也能影响内资银行的绩效，但相较而言作用小于资产规模的影响，且对效益的影响多为消极的。其次，“营改增”政策对内资银行绩效的提高具有明显促进作用，无论是利润效率还是效益指标，其作用程度大，且在统计上都具有显著性。“营改增”政策除了直接作用于内资银行外，还可通过对外资进入效应的调节而产生间接作用。“营改增”政策的调节作用以负向调节为主，并弱化了外资进入程度与内资银行绩效之间的强度。相关结论汇总见表8-1。

表8-1 外资进入效应及增值税调节作用总结

进入方式及税制调整		利润效率	效益			
			资产获利	业务结构	成本控制	风险管理
绿地进入	资产规模	消极	积极	消极	积极	积极
	机构数量	积极	消极	积极	消极	消极
非绿地进入	入股份额	积极	消极	消极	消极	消极
“营改增”	直接效果	积极	积极	积极	积极	积极
	间接效果（调节作用）	弱化	弱化	弱化	弱化	弱化

金融安全和稳定是中国银行业引进外资的重要前提，中国银行业外资进入程度较低，国内资本掌握绝大部分的金融资源，因此就目前而言，外资进入并没有威胁到我国金融业的安全和稳定。此外，由于中国银行业刚刚形成全面的开放格局，本书的实证分析是对外资进入短期效果的考察，外资进入的长期影响，特别是对我国金融安全的影响有待今后进一步的实践予以检验。

第二节 政策建议

理论分析和实证分析表明，外资进入效果因进入方式不同而存在差异，外资的绿地进入方式主要通过影响银行组织的外部环境来改变东道国银行业的市场绩效；非绿地进入方式主要作用于银行组织内部的“黑匣子”，以影响银行业市场绩效。此外，税收制度变革对银行绩效影响的直接作用与间接调节作用非常显著，因此可以通过合理的政策引导弱化外资进入的消极影响，增强积极效应。如何针对不同的外资进入方式和进入阶段制定合理的政策措施，以充分发挥两种进入方式的互补作用，从银行组织外部和内部两个方面共同改善我国银行的市场绩效、提升银行业的整体竞争力，是我国银行业引进外资的根本目的，也是本书主要解决的问题。

一、实时监控外资进入效果，保障金融安全

保障东道国金融安全和稳定的情况下引入外资是银行业对外开放的原则，也是判断外资进入效果的重要标准。

由前文理论分析可知，外资进入既可促进东道国银行业的市场绩效的提高，也可恶化内资银行的市场绩效、威胁东道国的金融安全。当积极作用显著时，外资进入表现为对内资银行公司治理水平、技术效率和创新能力的一种激励；当负面作用显著时，外资进入更多地表现为对内资银行业的冲击，如竞争的加剧、运营成本的升高和市场绩效的恶化，内资银行被不断蚕食。外资进入积极和负面的作用效果随着进入的深化而消长，最终可能会有害于东道国。特别是当政府取消外资进入的所有限制条款后，当东道国市场上并没有与外资银行抗衡的内资银行时，外资银行犹如脱缰的野马，会迅速控制东道国银行市场。

对外资银行两种进入方式积极作用和负面作用力量对比动态变化的理论分析表明，外资进入的综合效应将经历积极效应显著并不断增加、综合效应达到最大值、综合效应不断下降、综合效应为负的四个阶段，因此外资进入可分为外资进入初期、成熟阶段、衰退阶段和危机阶段四个阶段①，所以东道国引进外资的政策也应随这四个阶段做动态调整：

① 林可全和王韵亭（2008）也持相同的观点。他们认为，外资银行的进入对东道国银行体系效率的影响研究，应采取阶段性研究方法，并将银行业的对外开放划分为初期开放、成熟与完全开放、渗透与收缩、危机时期与敌意入侵四个阶段。

在银行开放初期，外资银行打破了原有垄断格局，外资进入的正面效应开始凸显，此时应积极鼓励外资进入；在外资进入的成熟阶段，外资进入积极效应的潜能逐渐发挥到最大，同时外资逐渐控制国内金融资源，过度竞争和金融安全问题逐渐增加，此时应放缓外资进入的速度和进入的深度，使外资进入程度维持在最优水平上；当东道国市场趋于饱和后，外资进入的积极效应迅速下降，负面效应快速增加，外资瓜分东道国银行市场，不少内资银行被挤出市场，银行市场矛盾开始凸显。当东道国银行市场由外资银行全面控制后，外力的冲击很容易使东道国银行市场陷入危机，这将严重影响东道国政治和经济的稳定，中东欧国家、阿根廷等国就是很好的例子。2018 年以来，我国对外资银行单家持股比例上限、开办人民币业务限制及审批、来华外资银行总资产限制等各种规定取消，不仅加强了外资银行与内资银行间的业务竞争，也增加了外国投资者以股权控制境内金融机构的可能性，我国面临的金融风险更加复杂。因此，在金融市场对外开放进程加快的背景下，积极鼓励外资进入的同时，必须时刻监测外资进入的综合效果，防止外资进入引发的竞争压力超过我国银行市场可承受的范围，避免进入效应出现“拐点”。

此外，还必须建立起相匹配的金融安全审查机制，改变金融市场“开放有余”、金融风险“防范不足”的现实。一是建立和完善我国缺少针对外资风险防范、外资金融安全审查的相关法律作为基本法律指引，以及机制启动流程的基本程序规范。二是筑实抵御系统性金融风险的“防护墙”，将宏观审慎监管、微观审慎监管与金融安全审查机制相结合，创新性地针对外资机构及投资者对我国金融市场及金融要素产生影响的行为进行安全性审查与监管[①]。

---

① 李晓安．开放与安全：金融安全审查机制创新路径选择［J］．法学杂志，2021（3）：7－17．

二、优化绿地进入的组织形式与布局，促进外资银行均衡

实证分析显示，外资银行的绿地进入方式在提高内资银行利润效率方面并不理想，但在改善内资银行效益方面起到了一定的积极作用。本书认为可以从以下几个方面提升绿地进入的积极效应。

第一，关注绿地进入的组织形式，坚持实施法人银行导向政策。一是我国规定采取法人形式的外商独资银行可以全面从事人民币业务。人民币业务是内资银行主要业务领域，因此相比分支机构的外资银行，外商独资银行对内资银行的竞争效应更大，更能够充分发挥积极效应。二是从金融安全角度看，外商独资形式有利于我国对外资银行的监管，降低金融风险的传递性。一方面，跨国银行容易受世界经济状况的影响，国际金融市场的危机通过跨国银行可以很快地传递到东道国。采用分行组织形式的外资银行可以相对容易地从国外总行处调入资本或向母行调出资本，因此资金流动灵活多变；采用法人组织形式的外资银行由于与母行之间的资本流动受到我国监管部门的严格限制，因此阻碍了母行所在国金融风险向我国的传递，外资法人形式可以在一定程度上隔离金融危机。另一方面，金融监管是控制金融危机扩散的有效手段。分行形式由于银行监管主要依赖于外资银行母国的监管水平，因此东道国处于被动地位，但东道国可以对法人银行实施有效监管。因此，监管部门可以通过对法人银行在资本充足率、拨备覆盖率等指标的控制，降低外资银行经营风险、保障当地存款客户的利益、维护东道国经济稳定，因此外商独资银行起到了防火墙的作用。

第二，促进外资银行绿地进入方式在不同区域间的均衡发展。在华外资银行不均衡的布局在一定程度上限制了其进入效应的发挥。一是目前大部分来华外资银行选择经济发达的中心城市，其中上海、北京和深圳使外资银行集聚最明显。截至 2021 年底，这三个城市拥有的外资银

行机构占比高达85%以上，中西部地区外资机构数量则非常少[①]。二是由于外资银行发展受到限制，其经营网点并不多，且大多数都集中在较大的城市，很多中小城市基本没有。网点经济规模难以形成，导致外资银行资金成本相对较高，削弱了其竞争效应。因此，我国应根据不同地区外资进入的程度、当地经济发展状况等因素建立有差异的外资进入长期规划；地方政府通过优化营商环境和经济发展环境影响外资银行选址偏好，加快外资银行由东部沿海城市向内陆城市的渗透，以实现外资银行在全国范围内均衡发展。

三、创造非绿地方式发挥作用的有效条件，挖掘积极效应潜力

理论分析论证了非绿地进入方式中的境外战略投资者可以通过“产权结构→公司治理→银行市场绩效”与“技术转移”两个途径提升内资银行市场绩效。实证分析进一步验证了外资的非绿地进入方式在提升内资银行利润效率方面的积极作用，但在银行效益方面的潜力还有待进一步挖掘。

境外战略投资者这种国际化方式不应被放弃，应结合我国实践的经验教训，从完善境外战略投资者发挥积极作用所需条件方面下功夫。内资银行与境外战略投资者实现深层合作与良性互动，首先需要对外资战略投资者进行严格把关，筛选最优的主体进入。外资战略投资者一般应为在银行经营管理方面具有丰富经验的大型金融机构，然而从目前内资银行已有的境外战略投资的情况来看，真正符合境外战略投资标准的并不多。从参股动机来看，很多境外战略投资者“打了就跑”的行为更像是投机者。从“战略投资者”的背景来看，投资银行、基金、金融公司等这些以投资活动为主营业务的主体众多，而像恒丰银行、渣打银行这些以银行业务为主的投资者比例少，即使拥有欧洲第二大商业银行

① 中国银行业协会外资银行工作委员会．外资银行在华发展研究报告2021［R］．北京：中国银行业协会，2022.

称号的苏格兰皇家银行，也是专长于投资和收购业务。从引资者角度来看，国有银行需引进战略投资者后方能上市。银行是否引进战略投资者，应从银行长远的发展角度来考虑，然而一些银行将引进境外战略投资者作为上市的手段，因此引资过程过于仓促，忽略了境外投资者的质量。

筛选优质的境外战略投资者是对中国银行业产生积极效应的必要条件，因此今后在对外国投资者的选择上，要重视对外资身份的定位，从源头上将冒牌“战略投资者”拒之门外。政府应引导具有丰富银行业务的投资者参股内资银行，审慎选择以投资业务为主的投资主体；对于非首次参股进入的投资者，应综合考虑其以往的表现；避免政策执行的偏差和内资银行决策的跟风性，内资银行应以自身的情况和长远利益为根本决策依据。

四、兼顾税收效率与公平原则，引导银行业资源合理配置

理论和实证结果显示，“营改增”政策对银行绩效提升及外资进入效应具有明显的倒逼和调节作用，因此税收制度的优化对银行业的健康发展具有重要意义。

第一，完善我国银行业税收政策，需要有整体意识，以及系统性、战略性的考虑。“营改增”之后，对银行的课税大多是以产品为单位，而对于不同的产品和银行业务又有不同的规定。在具体的执行过程中，为了弥补税法的漏洞，又会出台相应的“补丁”文件，这会大大降低征管效率，也会在一定程度上增加银行的执行成本。所以，在制定相关的税收政策时，需要系统全面地考虑问题，如何把银行的各个产品业务更好地衔接起来，如何在稳定金融、防范风险的大背景下促进银行的持续健康发展，如何运用好税收优惠和税制激励来促进银行绩效的提升，是当前完善我国银行业税收政策需要解决的问题。面对银行业务的复杂性、银行产品的多样性，从长远入手、建立大局意识、考虑好各项政策

的衔接问题是必不可少的。

第二，统筹把握直接税和间接税的关系，以优化银行业税收结构。受我国特定的经济发展阶段、政策环境和税收征管能力等多方面的影响，我国直接税比重低，间接税比重高。对于银行来说，以间接税为主的税制结构，一是对银行的产品服务价格产生扭曲效应，不利于银行的自由发展；二是过高的间接税负会抑制外资银行的进入。所以，为了使我国银行业税制更好地与国际接轨，提升我国银行业在国际上的竞争力，需要增加直接税比重，降低间接税比重。在提高直接税比重的同时，也要逐步完善直接税税制。另外，相较于间接税，直接税的税收优惠政策更加有针对性。在激烈的国际竞争环境下，发展科技金融的积极作用不容忽视，我国应该完善税收优惠政策，从而给予科技金融发展更大力度的支持，促进银行业不断创新，提高自身竞争力和抵御国际金融风险的能力，促进我国银行绩效的进一步提升。

第三，适当利用税收政策在银行行为引导中的非中性原则来优化资源配置。一是维持银行端传统贷款业务增值税链条未完全打通的现状。我国商业银行及在华外资银行仍存在贷款利息收入占比过大的收入结构不合理问题，这也是我国银行业寻求创新转型过程中面临的主要压力。我国银行业的“营改增”政策使贷款业务与非贷款业务相对税负发生了变化，贷款业务成本相对上升，而发展中间业务可以抵消利润空间的减少。因此，传统业务与非传统业务间增值税税负的不均衡有利于引导企业合理地配置资源。二是对于涉及普惠金融业务、“一带一路”金融、养老、公租房等惠及民生的金融产品在特定阶段实行特殊的优惠政策，以调动银行的积极性。三是企业通过进销项税收筹划提升成本控制能力。例如，银行通过增加智能柜员机、互联网金融相关软件等，增加进项税实现税负的降低，促进银行技术的改进和服务质量的提升。

第四，在市场主体之间坚持中性原则以营造公平的竞争环境。与传统的负债业务相比，银行业的资产业务和部分中间业务交易相对复杂，这些业务可能涉及多主体、多运行环节、多时期，而在遵循环节课征增值税规则中，有时会出现多重征税的现象。多重征税不利于银行业务结构的转型，也不利于我国现代金融产品的国际竞争力，因此应根据现代金融产品的特性，避免对名义财产转让等行为的重复课税，并统一同类产品间的税负水平，使同类金融产品能在公平的税收环境下有序发展①。

第五，制定与金融监管制度相适应的税收政策，尽量避免外资银行引致的潜在金融风险。在制定与完善银行相关税收政策时，应考虑与金融监管制度的适应性和兼容性，不能与金融监管相违背，否则银行在进行金融创新时会带来潜在的金融风险。此外，近年来我国对银行资产管理资金进行了有效的监督和管理，税收政策作为规范资产管理业务的手段之一，也应该及时跟进完善。目前我国信贷资产的资产管理业务税收政策较为完善，在制定一般化的资产管理业务税收政策时，可以参照已有政策。另外，对于养老基金等与社会民生相关的基金投资管理业务，可以给予一定税收优惠。

五、立足自身，以改革和创新提升竞争力

第一，长期来看，中国银行业竞争力的提高应立足于国内参与者。目前我国银行市场严格限制民营投资者进入，选择境外银行机构作为参与银行改革的推动力，是因为国内缺乏合格的境内投资者。短期内境外机构的进入有利于我国银行市场绩效的提高，然而银行市场过度开放会导致银行控制权的转移，内资银行被挤出市场，威胁到金融系统的稳定和安全。因此，开放的同时应积极培养合格的境内投资者，当时机成熟后，应放宽民营机构的准入条件，加大对内开放的力度，形成多元化的市场参与主体。对于内资银行来说，要加强金融创新能力。

---

① 尹音频，王晓慧．金融产品税收制度优化探析［J］．税务研究，2020（1）：20－21．

第二，外资进入以增量的方式促进中国银行业市场绩效的提高，但并不能替代内资银行自身改革的作用。无论绿地进入方式还是非绿地进入方式，其积极效应的发挥都是有成本的，如果开放度把握不当，会造成控制权转移和金融安全的巨大代价。相比而言，来源于内资银行内部的改革是成本相对较小、效果更显著的举措。因此，对外开放须与内资银行改革相结合。一是转变粗放式的发展模式，由传统信贷业务为主导的银行产品模式，转向中间业务、表外业务等多元化的发展模式。二是加大银行的创新能力。内资银行整体创新水平低，多为吸纳型和模仿型创新，具有明显的趋同化特征。今后应立足客户需求，以中间业务创新为突破口，增加创新的技术含量和原创性。三是利用外资金融机构进入中国市场的诉求，以平等互惠为原则，加强与其母国政府的合作，为中国银行走出去创造有利的国际环境。

附 录

附录 1 第六章相关性检验结果

	Effc	Gdp	Cpi	Frg	Fzc	Fig	Typ	Vat
Effc	1							
Gdp	-0. 551 ***	1						
Cpi	-0. 132 **	0. 699 ***	1					
Frg	-0. 131 **	0. 135 **	0. 0830	1				
Fzc	-0. 563 ***	0. 818 ***	0. 560 ***	0. 231 ***	1			
Fig	0. 002 00	-0. 332 ***	-0. 193 ***	-0. 095 0	-0. 354 ***	1		
Typ	0. 274 ***	-0. 004 00	0	-0. 337 ***	0. 003 00	0. 002 00	1	
Vat	0. 689 ***	-0. 288 ***	0. 174 ***	0. 064 0	-0. 205 ***	-0. 438 ***	0. 020 0	1

附录 2　第六章 VIF 多重共线性检验结果

变量	VIF	1/VIF
Gdp	7.78	0.128 473
Cpi	4.28	0.233 896
Vat	3.64	0.274 970
Fzc	3.35	0.298 560
Fjg	2.75	0.363 558
Frg	1.24	0.805 199
Typ	1.16	0.862 674
Mean VIF	3.46	

附录3 第七章多重共线性检验结果

变量	VIF（Roa）	VIF（Yin）	VIT（Cir）	VIT（Npl）
Gdp	7.24	7.80	7.24	7.84
Cpi	4.56	4.24	4.56	4.36
Vat	2.61	3.64	2.61	3.51
Fze	3.40	3.30	3.40	3.33
Fjg	2.67	2.70	2.67	2.74
Frg	1.59	1.26	1.59	1.26
Typ	1.56	1.16	1.56	1.15
Mean VIF	3.38	3.44	3.38	3.46

附录4

中国银保监会关于废止和修改部分规章的决定

中国银行保险监督管理委员会令〔2018〕第5号

为进一步扩大银行业对外开放，取消中资银行和金融资产管理公司外资持股比例限制，实施内、外资一致的股权投资比例规则，中国银保监会决定：

一、废止一部规章

废止《境外金融机构投资入股中资金融机构管理办法》。

二、对三部规章的部分条款予以修改

（一）将《中国银监会中资商业银行行政许可事项实施办法》调整为《中国银保监会中资商业银行行政许可事项实施办法》，将第十一条修改为：“境外金融机构投资入股的中资商业银行，按照入股时该中资商业银行的机构类型实施监督管理。境外金融机构还应遵守国家关于外国投资者在中国境内投资的有关规定。”

（二）将《中国银监会农村中小金融机构行政许可事项实施办法》调整为《中国银保监会农村中小金融机构行政许可事项实施办法》，将第十六条修改为：“境外银行投资入股的农村商业银行，按照农村商业银行的有关规定实施监督管理。境外银行还应遵守国家关于外国投资者在中国境内投资的有关规定。”

在第二十七条中增加一款，作为第三款：“境外银行投资入股的村镇银行，按照村镇银行的有关规定实施监督管理。境外银行还应遵守国家关于外国投资者在中国境内投资的有关规定。”

（三）将《中国银监会非银行金融机构行政许可事项实施办法》调整为《中国银保监会非银行金融机构行政许可事项实施办法》，删去第一百一十七条。

此外，根据《深化党和国家机构改革方案》修改上述规章涉及原银监会及其派出机构的称谓，并对条文顺序作相应调整。

根据本决定修改的《中国银保监会中资商业银行行政许可事项实施办法》、《中国银保监会农村中小金融机构行政许可事项实施办法》、《中国银保监会非银行金融机构行政许可事项实施办法》重新公布。

附录5

国务院关于修改《中华人民共和国外资保险公司管理条例》和《中华人民共和国外资银行管理条例》的决定

中华人民共和国国务院令〔2019〕第720号

为进一步扩大金融业对外开放，国务院决定对《中华人民共和国外资保险公司管理条例》和《中华人民共和国外资银行管理条例》部分条款予以修改。

一、将《中华人民共和国外资保险公司管理条例》第四条中的“中国保险监督管理委员会（以下简称中国保监会）”、“中国保监会”修改为“国务院保险监督管理机构”，第五条至第十五条、第十八条至第二十三条、第二十五条至第二十九条、第三十一条至第三十七条中的“中国保监会”修改为“国务院保险监督管理机构”。

删去第八条第一项和第二项。

第十二条第二款中的“工商行政管理机关”修改为“市场监督管理部门”。

第三十九条修改为：“香港特别行政区、澳门特别行政区和台湾地区的保险公司在内地（大陆）设立和营业的保险公司，比照适用本条例。”

增加一条，作为第四十条：“外国保险集团公司可以在中国境内设立外资保险公司，具体管理办法由国务院保险监督管理机构依照本条例的原则制定。”

增加一条，作为第四十一条：“境外金融机构可以入股外资保险公司，具体管理办法由国务院保险监督管理机构制定。”

二、删去《中华人民共和国外资银行管理条例》第十条第二项。

将第十一条修改为：“拟设中外合资银行的股东除应当具备本条例第九条规定的条件外，其中外方股东应当为金融机构，且外方唯一或者主要股东还应当具备下列条件：

“（一）为商业银行；

“（二）资本充足率符合所在国家或者地区金融监管当局以及国务院银行业监督管理机构的规定。”

第十二条修改为：“拟设分行的外国银行除应当具备本条例第九条规定的条件外，其资本充足率还应当符合所在国家或者地区金融监管当局以及国务院银行业监督管理机构的规定。”

第十九条、第二十二条、第二十七条中的“工商行政管理机关”修改为“市场监督管理部门”。

第二十二条中的“工商登记证”修改为“外国企业常驻代表机构登记证”。

第二十五条修改为：“外国银行可以在中华人民共和国境内同时设立外商独资银行和外国银行分行，或者同时设立中外合资银行和外国银行分行。”

第二十九条第一款、第三十一条第一款各增加一项，作为第四项：“（四）代理发行、代理兑付、承销政府债券”。第二十九条第一款第八项、第三十一条第一款第八项分别改为第九项，修改为：“（九）代理收付款项及代理保险业务。”

第三十一条第二款修改为：“外国银行分行可以吸收中国境内公民每笔不少于50万元人民币的定期存款。”

第三十四条修改为：“外资银行营业性机构经营本条例第二十九条或者第三十一条规定业务范围内的人民币业务的，应当符合国务院银行业监督管理机构规定的审慎性要求。”

第四十四条修改为：“外国银行分行应当按照国务院银行业监督管理机构的规定，持有一定比例的生息资产。”

第四十五条增加一款，作为第二款：“资本充足率持续符合所在国家或者地区金融监管当局以及国务院银行业监督管理机构规定的外国银行，其分行不受前款规定的限制。”原第二款改为第三款，其中的“前款”修改为“本条第一款”。

第五十五条修改为：“外国银行在中华人民共和国境内设立的外商独资银行、中外合资银行的董事长、高级管理人员和外国银行分行的高级管理人员不得相互兼职。”

第五十六条修改为：“外国银行在中华人民共和国境内设立的外商独资银行、中外合资银行与外国银行分行之间进行的交易必须符合商业原则，交易条件不得优于与非关联方进行交易的条件。外国银行对其在中华人民共和国境内设立的外商独资银行与外国银行分行之间的资金交易，应当提供全额担保。”

第七十二条修改为：“香港特别行政区、澳门特别行政区和台湾地区的金融机构在内地（大陆）设立的银行机构，比照适用本条例。国务院另有规定的，依照其规定。”

此外，对相关行政法规中的条文序号作相应调整。

本决定自公布之日起施行。

附录6

中华人民共和国外资银行管理条例

（2006年11月11日中华人民共和国国务院令第478号公布　根据2014年7月29日《国务院关于修改部分行政法规的决定》第一次修订　根据2014年11月27日《国务院关于修改〈中华人民共和国外资银行管理条例〉的决定》第二次修订　根据2019年9月30日《国务院关于修改〈中华人民共和国外资保险公司管理条例〉和〈中华人民共和国外资银行管理条例〉的决定》第三次修订）

第一章　总则

第一条　为了适应对外开放和经济发展的需要，加强和完善对外资银行的监督管理，促进银行业的稳健运行，制定本条例。

第二条　本条例所称外资银行，是指依照中华人民共和国有关法律、法规，经批准在中华人民共和国境内设立的下列机构：

（一）1家外国银行单独出资或者1家外国银行与其他外国金融机构共同出资设立的外商独资银行；

（二）外国金融机构与中国的公司、企业共同出资设立的中外合资银行；

（三）外国银行分行；

（四）外国银行代表处。

前款第一项至第三项所列机构，以下统称外资银行营业性机构。

第三条　本条例所称外国金融机构，是指在中华人民共和国境外注册并经所在国家或者地区金融监管当局批准或者许可的金融机构。

本条例所称外国银行，是指在中华人民共和国境外注册并经所在国家或者地区金融监管当局批准或者许可的商业银行。

第四条　外资银行必须遵守中华人民共和国法律、法规，不得损害中华人民共和国的国家利益、社会公共利益。

外资银行的正当活动和合法权益受中华人民共和国法律保护。

第五条　国务院银行业监督管理机构及其派出机构（以下统称银行业监督管理机构）负责对外资银行及其活动实施监督管理。法律、行政法规规定其他监督管理部门或者机构对外资银行及其活动实施监督管理的，依照其规定。

第六条　国务院银行业监督管理机构根据国家区域经济发展战略及相关政策制定有关鼓励和引导的措施，报国务院批准后实施。

第二章　设立与登记

第七条　设立外资银行及其分支机构，应当经银行业监督管理机构审查批准。

第八条　外商独资银行、中外合资银行的注册资本最低限额为10亿元人民币或者等值的自由兑换货币。注册资本应当是实缴资本。

外商独资银行、中外合资银行在中华人民共和国境内设立的分行，应当由其总行无偿拨给人民币或者自由兑换货币的营运资金。外商独资银行、中外合资银行拨给各分支机构营运资金的总和，不得超过总行资本金总额的60%。

外国银行分行应当由其总行无偿拨给不少于2亿元人民币或者等值的自由兑换货币的营运资金。

国务院银行业监督管理机构根据外资银行营业性机构的业务范围和审慎监管的需要，可以提高注册资本或者营运资金的最低限额，并规定其中的人民币份额。

第九条　拟设外商独资银行、中外合资银行的股东或者拟设分行、代表处的外国银行应当具备下列条件：

（一）具有持续盈利能力，信誉良好，无重大违法违规记录；

（二）拟设外商独资银行的股东、中外合资银行的外方股东或者拟设分行、代表处的外国银行具有从事国际金融活动的经验；

（三）具有有效的反洗钱制度；

（四）拟设外商独资银行的股东、中外合资银行的外方股东或者拟设分行、代表处的外国银行受到所在国家或者地区金融监管当局的有效监管，并且其申请经所在国家或者地区金融监管当局同意；

（五）国务院银行业监督管理机构规定的其他审慎性条件。

拟设外商独资银行的股东、中外合资银行的外方股东或者拟设分行、代表处的外国银行所在国家或者地区应当具有完善的金融监督管理制度，并且其金融监管当局已经与国务院银行业监督管理机构建立良好的监督管理合作机制。

第十条　拟设外商独资银行的股东应当为金融机构，除应当具备本条例第九条规定的条件外，其中唯一或者控股股东还应当具备下列条件：

（一）为商业银行；

（二）资本充足率符合所在国家或者地区金融监管当局以及国务院银行业监督管理机构的规定。

第十一条　拟设中外合资银行的股东除应当具备本条例第九条规定的条件外，其中外方股东应当为金融机构，且外方唯一或者主要股东还应当具备下列条件：（一）为商业银行；（二）资本充足率符合所在国家或者地区金融监管当局以及国务院银行业监督管理机构的规定。

第十二条　拟设分行的外国银行除应当具备本条例第九条规定的条件外，其资本充足率还应当符合所在国家或者地区金融监管当局以及国务院银行业监督管理机构的规定。

第十三条　外国银行在中华人民共和国境内设立营业性机构的，除已设立的代表处外，不得增设代表处，但符合国家区域经济发展战略及相关政策的地区除外。

代表处经批准改制为营业性机构的，应当依法办理原代表处的注销登记手续。

第十四条 设立外资银行营业性机构，应当先申请筹建，并将下列申请资料报送拟设机构所在地的银行业监督管理机构：

（一）申请书，内容包括拟设机构的名称、所在地、注册资本或者营运资金、申请经营的业务种类等；

（二）可行性研究报告；

（三）拟设外商独资银行、中外合资银行的章程草案；

（四）拟设外商独资银行、中外合资银行各方股东签署的经营合同；

（五）拟设外商独资银行、中外合资银行的股东或者拟设分行的外国银行的章程；

（六）拟设外商独资银行、中外合资银行的股东或者拟设分行的外国银行及其所在集团的组织结构图、主要股东名单、海外分支机构和关联企业名单；

（七）拟设外商独资银行、中外合资银行的股东或者拟设分行的外国银行最近3年的年报；

（八）拟设外商独资银行、中外合资银行的股东或者拟设分行的外国银行的反洗钱制度；

（九）拟设外商独资银行的股东、中外合资银行的外方股东或者拟设分行的外国银行所在国家或者地区金融监管当局核发的营业执照或者经营金融业务许可文件的复印件及对其申请的意见书；

（十）国务院银行业监督管理机构规定的其他资料。

拟设机构所在地的银行业监督管理机构应当将申请资料连同审核意见，及时报送国务院银行业监督管理机构。

第十五条 国务院银行业监督管理机构应当自收到设立外资银行营

业性机构完整的申请资料之日起6个月内作出批准或者不批准筹建的决定，并书面通知申请人。决定不批准的，应当说明理由。

特殊情况下，国务院银行业监督管理机构不能在前款规定期限内完成审查并作出批准或者不批准筹建决定的，可以适当延长审查期限，并书面通知申请人，但延长期限不得超过3个月。

申请人凭批准筹建文件到拟设机构所在地的银行业监督管理机构领取开业申请表。

第十六条 申请人应当自获准筹建之日起6个月内完成筹建工作。在规定期限内未完成筹建工作的，应当说明理由，经拟设机构所在地的银行业监督管理机构批准，可以延长3个月。在延长期内仍未完成筹建工作的，国务院银行业监督管理机构作出的批准筹建决定自动失效。

第十七条 经验收合格完成筹建工作的，申请人应当将填写好的开业申请表连同下列资料报送拟设机构所在地的银行业监督管理机构：

（一）拟设机构的主要负责人名单及简历；

（二）对拟任该机构主要负责人的授权书；

（三）法定验资机构出具的验资证明；

（四）安全防范措施和与业务有关的其他设施的资料；

（五）设立分行的外国银行对该分行承担税务、债务的责任保证书；

（六）国务院银行业监督管理机构规定的其他资料。

拟设机构所在地的银行业监督管理机构应当将申请资料连同审核意见，及时报送国务院银行业监督管理机构。

第十八条 国务院银行业监督管理机构应当自收到完整的开业申请资料之日起2个月内，作出批准或者不批准开业的决定，并书面通知申请人。决定批准的，应当颁发金融许可证；决定不批准的，应当说明理由。

第十九条 经批准设立的外资银行营业性机构，应当凭金融许可证向市场监督管理部门办理登记，领取营业执照。

第二十条　设立外国银行代表处，应当将下列申请资料报送拟设代表处所在地的银行业监督管理机构：

（一）申请书，内容包括拟设代表处的名称、所在地等；

（二）可行性研究报告；

（三）申请人的章程；

（四）申请人及其所在集团的组织结构图、主要股东名单、海外分支机构和关联企业名单；

（五）申请人最近3年的年报；

（六）申请人的反洗钱制度；

（七）拟任该代表处首席代表的身份证明和学历证明的复印件、简历以及拟任人有无不良记录的陈述书；

（八）对拟任该代表处首席代表的授权书；

（九）申请人所在国家或者地区金融监管当局核发的营业执照或者经营金融业务许可文件的复印件及对其申请的意见书；

（十）国务院银行业监督管理机构规定的其他资料。

拟设代表处所在地的银行业监督管理机构应当将申请资料连同审核意见，及时报送国务院银行业监督管理机构。

第二十一条　国务院银行业监督管理机构应当自收到设立外国银行代表处完整的申请资料之日起6个月内作出批准或者不批准设立的决定，并书面通知申请人。决定不批准的，应当说明理由。

第二十二条　经批准设立的外国银行代表处，应当凭批准文件向市场监督管理部门办理登记，领取外国企业常驻代表机构登记证。

第二十三条　本条例第十四条、第十七条、第二十条所列资料，除年报外，凡用外文书写的，应当附有中文译本。

第二十四条　按照合法性、审慎性和持续经营原则，经国务院银行业监督管理机构批准，外国银行可以将其在中华人民共和国境内设立的分行改制为由其单独出资的外商独资银行。申请人应当按照国务院银行业监督管理机构规定的审批条件、程序、申请资料提出设立外商独资银行的申请。

第二十五条　外国银行可以在中华人民共和国境内同时设立外商独资银行和外国银行分行，或者同时设立中外合资银行和外国银行分行。

第二十六条　外资银行董事、高级管理人员、首席代表的任职资格应当符合国务院银行业监督管理机构规定的条件，并经国务院银行业监督管理机构核准。

第二十七条　外资银行有下列情形之一的，应当经国务院银行业监督管理机构批准，并按照规定提交申请资料，依法向市场监督管理部门办理有关登记：

（一）变更注册资本或者营运资金；

（二）变更机构名称、营业场所或者办公场所；

（三）调整业务范围；

（四）变更股东或者调整股东持股比例；

（五）修改章程；

（六）国务院银行业监督管理机构规定的其他情形。

外资银行更换董事、高级管理人员、首席代表，应当报经国务院银行业监督管理机构核准其任职资格。

第二十八条　外商独资银行、中外合资银行变更股东的，变更后的股东应当符合本条例第九条、第十条或者第十一条关于股东的条件。

第三章　业务范围

第二十九条　外商独资银行、中外合资银行按照国务院银行业监督管理机构批准的业务范围，可以经营下列部分或者全部外汇业务和人民币业务：

（一）吸收公众存款；

（二）发放短期、中期和长期贷款；

（三）办理票据承兑与贴现；

（四）代理发行、代理兑付、承销政府债券；

（五）买卖政府债券、金融债券，买卖股票以外的其他外币有价证券；

（六）提供信用证服务及担保；

（七）办理国内外结算；

（八）买卖、代理买卖外汇；

（九）代理收付款项及代理保险业务；

（十）从事同业拆借；

（十一）从事银行卡业务；

（十二）提供保管箱服务；

（十三）提供资信调查和咨询服务；

（十四）经国务院银行业监督管理机构批准的其他业务。

外商独资银行、中外合资银行经中国人民银行批准，可以经营结汇、售汇业务。

第三十条 外商独资银行、中外合资银行的分支机构在总行授权范围内开展业务，其民事责任由总行承担。

第三十一条 外国银行分行按照国务院银行业监督管理机构批准的业务范围，可以经营下列部分或者全部外汇业务以及对除中国境内公民以外客户的人民币业务：

（一）吸收公众存款；

（二）发放短期、中期和长期贷款；

（三）办理票据承兑与贴现；

（四）代理发行、代理兑付、承销政府债券；

（五）买卖政府债券、金融债券，买卖股票以外的其他外币有价证券；

（六）提供信用证服务及担保；

（七）办理国内外结算；

（八）买卖、代理买卖外汇；

（九）代理收付款项及代理保险业务；

（十）从事同业拆借；

（十一）提供保管箱服务；

（十二）提供资信调查和咨询服务；

（十三）经国务院银行业监督管理机构批准的其他业务。

外国银行分行可以吸收中国境内公民每笔不少于50万元人民币的定期存款。

外国银行分行经中国人民银行批准，可以经营结汇、售汇业务。

第三十二条 外国银行分行及其分支机构的民事责任由其总行承担。

第三十三条 外国银行代表处可以从事与其代表的外国银行业务相关的联络、市场调查、咨询等非经营性活动。

外国银行代表处的行为所产生的民事责任，由其所代表的外国银行承担。

第三十四条 外资银行营业性机构经营本条例第二十九条或者第三十一条规定业务范围内的人民币业务的，应当符合国务院银行业监督管理机构规定的审慎性要求。

第四章 监督管理

第三十五条 外资银行营业性机构应当按照有关规定，制定本行的业务规则，建立、健全风险管理和内部控制制度，并遵照执行。

第三十六条 外资银行营业性机构应当遵守国家统一的会计制度和国务院银行业监督管理机构有关信息披露的规定。

第三十七条 外资银行营业性机构举借外债，应当按照国家有关规定执行。

第三十八条 外资银行营业性机构应当按照有关规定确定存款、贷款利率及各种手续费率。

第三十九条 外资银行营业性机构经营存款业务，应当按照中国人民银行的规定交存存款准备金。

第四十条　外商独资银行、中外合资银行应当遵守《中华人民共和国商业银行法》关于资产负债比例管理的规定。外国银行分行变更的由其总行单独出资的外商独资银行以及本条例施行前设立的外商独资银行、中外合资银行，其资产负债比例不符合规定的，应当在国务院银行业监督管理机构规定的期限内达到规定要求。

国务院银行业监督管理机构可以要求风险较高、风险管理能力较弱的外商独资银行、中外合资银行提高资本充足率。

第四十一条　外资银行营业性机构应当按照规定计提呆账准备金。

第四十二条　外商独资银行、中外合资银行应当遵守国务院银行业监督管理机构有关公司治理的规定。

第四十三条　外商独资银行、中外合资银行应当遵守国务院银行业监督管理机构有关关联交易的规定。

第四十四条　外国银行分行应当按照国务院银行业监督管理机构的规定，持有一定比例的生息资产。

第四十五条　外国银行分行营运资金加准备金等项之和中的人民币份额与其人民币风险资产的比例不得低于8%。

资本充足率持续符合所在国家或者地区金融监管当局以及国务院银行业监督管理机构规定的外国银行，其分行不受前款规定的限制。

国务院银行业监督管理机构可以要求风险较高、风险管理能力较弱的外国银行分行提高本条第一款规定的比例。

第四十六条　外国银行分行应当确保其资产的流动性。流动性资产余额与流动性负债余额的比例不得低于25%。

第四十七条　外国银行分行境内本外币资产余额不得低于境内本外币负债余额。

第四十八条　在中华人民共和国境内设立2家及2家以上分行的外国银行，应当授权其中1家分行对其他分行实施统一管理。

国务院银行业监督管理机构对外国银行在中华人民共和国境内设立

的分行实行合并监管。

第四十九条 外资银行营业性机构应当按照国务院银行业监督管理机构的有关规定，向其所在地的银行业监督管理机构报告跨境大额资金流动和资产转移情况。

第五十条 国务院银行业监督管理机构根据外资银行营业性机构的风险状况，可以依法采取责令暂停部分业务、责令撤换高级管理人员等特别监管措施。

第五十一条 外资银行营业性机构应当聘请在中华人民共和国境内依法设立的会计师事务所对其财务会计报告进行审计，并应当向其所在地的银行业监督管理机构报告。解聘会计师事务所的，应当说明理由。

第五十二条 外资银行营业性机构应当按照规定向银行业监督管理机构报送财务会计报告、报表和有关资料。

外国银行代表处应当按照规定向银行业监督管理机构报送资料。

第五十三条 外资银行应当接受银行业监督管理机构依法进行的监督检查，不得拒绝、阻碍。

第五十四条 外商独资银行、中外合资银行应当设置独立的内部控制系统、风险管理系统、财务会计系统、计算机信息管理系统。

第五十五条 外国银行在中华人民共和国境内设立的外商独资银行、中外合资银行的董事长、高级管理人员和外国银行分行的高级管理人员不得相互兼职。

第五十六条 外国银行在中华人民共和国境内设立的外商独资银行、中外合资银行与外国银行分行之间进行的交易必须符合商业原则，交易条件不得优于与非关联方进行交易的条件。外国银行对其在中华人民共和国境内设立的外商独资银行与外国银行分行之间的资金交易，应当提供全额担保。

第五十七条 外国银行代表处及其工作人员，不得从事任何形式的经营性活动。

第五章　终止与清算

第五十八条　外资银行营业性机构自行终止业务活动的，应当在终止业务活动30日前以书面形式向国务院银行业监督管理机构提出申请，经审查批准予以解散或者关闭并进行清算。

第五十九条　外资银行营业性机构已经或者可能发生信用危机，严重影响存款人和其他客户合法权益的，国务院银行业监督管理机构可以依法对该外资银行营业性机构实行接管或者促成机构重组。

第六十条　外资银行营业性机构因解散、关闭、依法被撤销或者宣告破产而终止的，其清算的具体事宜，依照中华人民共和国有关法律、法规的规定办理。

第六十一条　外资银行营业性机构清算终结，应当在法定期限内向原登记机关办理注销登记。

第六十二条　外国银行代表处自行终止活动的，应当经国务院银行业监督管理机构批准予以关闭，并在法定期限内向原登记机关办理注销登记。

第六章　法律责任

第六十三条　未经国务院银行业监督管理机构审查批准，擅自设立外资银行或者非法从事银行业金融机构的业务活动的，由国务院银行业监督管理机构予以取缔，自被取缔之日起5年内，国务院银行业监督管理机构不受理该当事人设立外资银行的申请；构成犯罪的，依法追究刑事责任；尚不构成犯罪的，由国务院银行业监督管理机构没收违法所得，违法所得50万元以上的，并处违法所得1倍以上5倍以下罚款；没有违法所得或者违法所得不足50万元的，处50万元以上200万元以下罚款。

第六十四条　外资银行营业性机构有下列情形之一的，由国务院银行业监督管理机构责令改正，没收违法所得，违法所得50万元以上的，并处违法所得1倍以上5倍以下罚款；没有违法所得或者违法所得不足

50万元的，处50万元以上200万元以下罚款；情节特别严重或者逾期不改正的，可以责令停业整顿或者吊销其金融许可证；构成犯罪的，依法追究刑事责任：

（一）未经批准设立分支机构的；

（二）未经批准变更、终止的；

（三）违反规定从事未经批准的业务活动的；

（四）违反规定提高或者降低存款利率、贷款利率的。

第六十五条 外资银行有下列情形之一的，由国务院银行业监督管理机构责令改正，处20万元以上50万元以下罚款；情节特别严重或者逾期不改正的，可以责令停业整顿、吊销其金融许可证、撤销代表处；构成犯罪的，依法追究刑事责任：

（一）未按照有关规定进行信息披露的；

（二）拒绝或者阻碍银行业监督管理机构依法进行的监督检查的；

（三）提供虚假的或者隐瞒重要事实的财务会计报告、报表或者有关资料的；

（四）隐匿、损毁监督检查所需的文件、证件、账簿、电子数据或者其他资料的；

（五）未经任职资格核准任命董事、高级管理人员、首席代表的；

（六）拒绝执行本条例第五十条规定的特别监管措施的。

第六十六条 外资银行营业性机构违反本条例有关规定，未按期报送财务会计报告、报表或者有关资料，或者未按照规定制定有关业务规则、建立健全有关管理制度的，由国务院银行业监督管理机构责令限期改正；逾期不改正的，处10万元以上30万元以下罚款。

第六十七条 外资银行营业性机构违反本条例第四章有关规定从事经营或者严重违反其他审慎经营规则的，由国务院银行业监督管理机构责令改正，处20万元以上50万元以下罚款；情节特别严重或者逾期不改正的，可以责令停业整顿或者吊销其金融许可证。

第六十八条 外资银行营业性机构违反本条例规定，国务院银行业监督管理机构除依照本条例第六十三条至第六十七条规定处罚外，还可以区别不同情形，采取下列措施：

（一）责令外资银行营业性机构撤换直接负责的董事、高级管理人员和其他直接责任人员；

（二）外资银行营业性机构的行为尚不构成犯罪的，对直接负责的董事、高级管理人员和其他直接责任人员给予警告，并处5万元以上50万元以下罚款；

（三）取消直接负责的董事、高级管理人员一定期限直至终身在中华人民共和国境内的任职资格，禁止直接负责的董事、高级管理人员和其他直接责任人员一定期限直至终身在中华人民共和国境内从事银行业工作。

第六十九条 外国银行代表处违反本条例规定，从事经营性活动的，由国务院银行业监督管理机构责令改正，给予警告，没收违法所得，违法所得50万元以上的，并处违法所得1倍以上5倍以下罚款；没有违法所得或者违法所得不足50万元的，处50万元以上200万元以下罚款；情节严重的，由国务院银行业监督管理机构予以撤销；构成犯罪的，依法追究刑事责任。

第七十条 外国银行代表处有下列情形之一的，由国务院银行业监督管理机构责令改正，给予警告，并处10万元以上30万元以下罚款；情节严重的，取消首席代表一定期限在中华人民共和国境内的任职资格或者要求其代表的外国银行撤换首席代表；情节特别严重的，由国务院银行业监督管理机构予以撤销：

（一）未经批准变更办公场所的；

（二）未按照规定向国务院银行业监督管理机构报送资料的；

（三）违反本条例或者国务院银行业监督管理机构的其他规定的。

第七十一条 外资银行违反中华人民共和国其他法律、法规的，由有关主管机关依法处理。

第七章　附则

第七十二条　香港特别行政区、澳门特别行政区和台湾地区的金融机构在内地（大陆）设立的银行机构，比照适用本条例。国务院另有规定的，依照其规定。

第七十三条　本条例自2006年12月11日起施行。2001年12月20日国务院公布的《中华人民共和国外资金融机构管理条例》同时废止。

参考文献

［1］常建新，盛秀婷．外资银行进入和国内银行绩效：来自中国的新证据［J］．投资研究，2014（7）：41－43.

［2］陈奉先，涂万春．外资银行进入对东道国银行业效率的影响——东欧国家的经验与中国的实践［J］．世界经济研究，2008（1）：15－20.

［3］陈科，宋增基．战略投资者、公司治理与银行市场绩效——对中国城市产业银行的实证研究［J］．金融论坛，2008（12）：30－36.

［4］陈敏学．外资银行进入对我国银行效率的影响——基于不同进入方式的比较研究［D］．杭州：浙江大学，2010.

［5］陈思翀，肖振拯，冯晓健．监管套利、金融开放与外资银行进入［J］．武汉金融，2020（4）：30－36.

［6］陈旺，黄家炜，汪澜．金融开放与银行风险承担的异质性研究——基于98个国家的实证分析［J］．国际金融研究，2020（4）：33－43.

［7］陈晓卫．中国商业银行效率评价及影响因素研究［D］．成都：电子科技大学，2011.

［8］陈玉罡，孙振东，刘静攀．境外战略投资者对商业银行效率与治理影响的实证研究［J］．软科学，2011（6）：92－96，102.

［9］董燕，曹志鹏．外资参股对我国商业银行效率的影响研究——基于中国51家商业银行两阶段DEA模型数据的实证分析［J］．

时代金融，2018（3）：72 - 73，75.

［10］段军山，袁鲲，苏国强．外资参股对中国银行业的影响——基于面板 VAR 模型的动态检验［J］．当代经济科学，2011（3）：43 - 49，125.

［11］杜莉，刘念，蔡至欣．金融业营改增的减税效应——基于行业关联的视角［J］．税务研究，2019（5）：34 - 41.

［12］方福前，邢炜，周孝．外资加强控股会影响外国直接投资技术溢出吗？［J］．国际金融研究，2017（2）：87 - 96.

［13］傅利福．我国商业银行战略引资效应是否被高估——基于外资参股对商业银行经营效率影响的再思考［J］．财经科学，2014（7）：1 - 10.

［14］高正平，李仪简．我国商业银行股权结构对银行市场绩效影响的实证分析——基于国家持股与银行市场绩效非线性关系的视角［J］．中央财经大学学报，2010（4）：18 - 23.

［15］郭颖晨．全面“营改增”后对银行经营绩效影响研究——对不同所有制商业银行 2016—2018 年面板数据的实证分析［J］．纳税，2018（28）：1 - 4.

［16］哈维尔·弗雷克斯、让·夏尔·罗歇著，刘锡良译．微观银行学［M］．成都：西南财经大学出版社，2000：50 - 52.

［17］何韧．银行业市场结构、效率和绩效的相关性研究——基于上海地区银行业的考察［J］．财经研究，2005（12）：29 - 40.

［18］胡海生，王克强，李其豪．营改增后银行业流转税税负变化研究——基于可计算一般均衡模型的分析［J］．上海金融，2020（10）：21 - 28.

［19］黄宪，熊福平．外资银行进入对我国银行业影响的实证研究［J］．国际金融研究，2006（5）：21 - 27.

［20］季家友，吴金友，龚晶．税收负担对不同规模银行营利性和

安全性影响的实证研究——基于我国上市商业银行面板数据的分析［J］．南方金融，2014（7）：31－34.

［21］李骏．营改增税制下的商业银行经营管理研究［J］．新金融，2017（10）：39－43.

［22］吉黎，魏霁月．“营改增”后商业银行的税负下降了吗？——基于上市商业银行面板数据的实证研究［J］．上海金融，2018（12）：27－33.

［23］焦建东．我国银行业效率与外资银行进入程度关系研究——基于面板单位根、面板协整方法［J］．山西财经大学学报，2008（7）：86－92.

［24］孔艳杰，孙兆斌．外资股权进入与中资银行市场绩效的联动效应［J］．上海金融，2010（11）：37－40.

［25］李世华，尹应凯．我国银行业引进境外战略投资者的福利效应分析［J］．管理世界，2012（9）：168－169.

［26］李文宏．中国银行业税收效应与制度分析［D］．厦门：厦门大学，2004.

［27］李松峰，乔桂明．外资参股对中国商业银行经营效率影响的实证研究［J］．苏州大学学报（哲学社会科学版），2010（11）：32－36.

［28］林可全，王韵亭．外资银行对东道国银行体系效率的阶段性影响［J］．经济与管理，2008（2）：70－74.

［29］刘代民、张碧琼．“营改增”对商业银行税负的影响分析［J］．税务研究，2015，（363）：107－112.

［30］刘芬．中国商业银行效率［D］．沈阳：辽宁大学，2009.

［31］刘家松，张博，罗琦．外资参股、董事会特征与商业银行经营绩效——基于中国121家商业银行的实证分析［J］．中国管理科学，2019（9）：119－129.

［32］刘家松，聂宝平．商业银行境外引资、股权结构与经营绩

效——基于 2007—2015 年 62 家商业银行经验证据［J］. 会计研究，2016（10）：34－41，96.

［33］刘磊，车宁．银行业“营改增”税负测算与相关分析——以国家开发银行河北省分行为例［J］. 河北金融，2014（4）：28－32.

［34］刘伟，黄桂田．中国银行业改革的侧重点——产权结构还是市场结构［J］. 经济研究，2002（8）：3－11，92.

［35］刘晓春．外资银行为什么没有成为“鲶鱼”？［J］. 中国外资，2020（8）：62－64.

［36］刘勇，尚文程，穆鸿声．中国银行业产业组织研究［M］. 上海：上海财经大学出版社，2009.

［37］刘志标．中国商业银行的竞争、垄断与管制——关于中国银行业的 SCP 分析框架［J］. 财贸研究，2004（4）56－59，70.

［38］刘宗华．中国银行业的规模经济和范围经济研究［D］. 上海：复旦大学，2004.

［39］罗瑞丰．外资银行进入对我国商业银行资产业务影响的实证研究——基于商业银行 2000—2017 年面板数据的随机效应模型分析［J］. 黄河科技学院学，2019（6）：80－85.

［40］吕品，文英．基于 SFA 模型的我国商业银行成本效率的测度［J］. 产经评论，2010（5）：136－143.

［41］吕勇斌．引入境外战略投资者是否提升了银行市场绩效——来自中国 A 股上市银行的证据［J］. 宏观经济研究，2009（10）：64－68.

［42］马明．“营改增”影响商业银行运营模式的关键问题和策略探讨［J］. 金融会计，2015（2）：32－34.

［43］牛芳．外资银行进入对我国银行业的影响研究［J］. 生产力研究．2012（11）：77－79，90.

［44］彭琦，邹康，赵子铱 1993—2003 年中国银行业效率的实证分析——基于 DEA 测度技术的运用［J］. 经济评论，2005（4）：82－89.

[45] 钱蓁．中国商业银行的效率研究——SFA 分析方法研究[J]．南京社会科学，2003（1）：41－46.

[46] 邱兆祥，张磊．经过风险调整的商业银行利润效率评价研究——基于随机利润边界方法[J]．金融研究，2007（3）：98－111.

[47] 阮明烽，陈瑶瑶．外资银行进入程度对我国不同类型商业银行效率影响的实证研究[J]．现代物业（中旬刊），2011（9）：136－139.

[48] 唐梅，赵媛媛，周宁．“营改增”对商业银行经营管理的影响[J]．西南金融，2017（1）：63－67.

[49] 山东省城市金融学会课题组．中外资商业银行竞争力差异比较[J]．金融管理与研究，2006（9）：22－26.

[50] 申创，赵胜民．市场竞争度、非利息收入对银行收益的影响研究[J]．南开经济研究，2018（1）：50－66.

[51] 省正英．金融业实施“营改增”税制的难点及路径选择[J]．青海金融，2012（12）：15－18.

[52] 师荣蓉，徐璋勇．基于随机边界分析的农村信用社利润效率及其影响因素研究[J]．中国软科学，2011（9）：76－83.

[53] 史东明．中国利用外资进入新阶段——从“绿地投资”到跨国并购[J]．经济评论，2004（3）：76－78，96.

[54] 孙璐．“营改增”对银行业税负的影响研究——以 X 市为例[J]．财经界，2019（30）：211－212.

[55] 孙秀峰．基于参数法的中国银行业效率评价研究[D]．大连：大连理工大学，2006.

[56] 谭鹏万．外资银行进入对中东欧国家内资银行市场绩效的短期影响研究——基于中东欧国 105 家银行的面板数据[J]．国际金融研究，2007（3）：45－53.

[57] 王聪，谭政勋．我国商业银行效率结构研究[J]．经济研究，2007（7）：110－123.

[58] 王帆，汪峰，倪娟．外资银行进入、政府监管与银行风险——基于利率市场化环境的博弈分析［J］．经济学家，2019（9）：64－73.

[59] 王路加，郭亚妮．外资银行进入对我国商业银行经营效率的影响研究［J］．经济视角，2018（3）：42－51.

[60] 王雷．境外战略投资者引入对两类商业银行市场绩效影响研究——基于面板数据的实证分析［J］．特区经济，2011（11）：84－86.

[61] 王美霞．中国商业银行与外资银行的竞争博弈分析［J］．生产力研究，2017（2）：19－23.

[62] 王萍，杨万平，李政大．境外战略投资者持股比例与中国上市银行发展质量［J］．现代财经，2018（10）：31－42.

[63] 王相宁，倪成，张思聪．股权集中、外资参股与商业银行风险承担［J］．大连理工大学学报（社会科学版），2017（2）：59－65.

[64] 王勇．中国银行业X－效率实证研究［D］．山东：山东大学，2008.

[65] 吴念鲁．重新考量国有商业银行改革——对引进境外战略投资者及上市的评析［J］．广东金融学院学报，2006（2）：3－6.

[66] 韦德贞，宋彦红，董辉．境外战略投资者参与中国银行业治理对银行市场绩效影响的差异化研究［J］．金融与经济，2009（12）：13－16.

[67] 魏陆．中国金融业实施增值税改革研究［J］．中央财经大学学报，2011（8）：7－12.

[68] 吴飞虹，吕荣福．“营改增”试点方案对商业银行税负的影响及相关建议［J］．税务与经济，2016（5）：88－93.

[69] 吴金友，龚晶，荀熳．对我国银行业税收制度改革的思考［J］．西南金融，2014（7）：26－29.

[70] 吴桦．提高商业银行竞争力：市场结构改革还是产权结构改革［J］．中南财经政法大学学报，2005（1）：95－101，144.

[71] 夏辉，苏立峰．入世后外资银行在华发展及其进入路径的国际比较研究 [J]．中国软科学，2009 (9)：47－53，59.

[72] 项卫星，李珺．境外战略投资者减持中国国有控股商业银行股权的原因、影响与对策 [J]．经济评论，2010 (1)：124－132.

[73] 谢朝华，段军山．基于DEA方法的我国商业银行X－效率研究 [J]．中国管理科学，2005 (4)：120－128.

[74] 谢建国，周春华．研发效率、技术溢出与政府的创新补贴 [J]．南方经济，2012 (1)：28－37.

[75] 熊鹭．对英国增值税制度的考察与思考 [J]．南方金融，2014 (5)：50－52.

[76] 徐秋洁．外资银行进入我国的方式研究 [D]．天津：天津财经大学，2010.

[77] 徐全红．营改增减轻了中国商业银行的税收负担吗？——基于16家上市商业银行数据的分析 [J]．金融论坛，2019，24 (7)：32－39.

[78] 许晓雯，时鹏将．基于DEA和SFA的我国商业银行效率研究 [J]．数理统计与管理，2006 (1)：68－72.

[79] 亿欧智库．外资银行在华发展研究报告 [R]．北京：亿欧智库，2020.

[80] 闫庆悦，王彬．外资银行进入对我国银行市场绩效的影响——基于面板数据的实证分析 [J]．山东大学学报（哲学社会科学版），2010 (3)：68－74.

[81] 杨德才．新制度经济学 [M]．天津：南开大学出版社，2007.

[82] 杨群．国有商业银行公司治理研究：基于战略投资者的视角 [D]．上海：复旦大学，2007.

[83] 杨瑞娥，刘磊．“营改增”对银行业经营和税负影响的实证研究 [J]．西南金融，2018 (3)：53－58.

[84] 尹继红．外资参股对中国城市商业银行经营效率的影响

[J]. 中国金融，2006 (13)：48 – 49.

[85] 尹应凯. 我国银行业市场进入的博弈行为分析 [D]. 上海：复旦大学，2007.

[86] 于良春，鞠源. 垄断与竞争：中国银行业的改革和发展 [J]. 经济研究，1999 (8)：48 – 57.

[87] 袁庆禄，刘翠侠. 银行业营改增政策存在减税效应吗？——来自国内 20 家上市银行的经验证据 [J]. 经济与管理，2017，31 (4)：49 – 53.

[88] 占硕. 国有企业引入境外战略投资者风险研究——控制权租金引发的股权转移和效率损失 [A]. 第四届国有经济论坛——东北老工业基地国有企业制度创新学术研讨会论文集，2004.

[89] 占硕. 我国银行业引进战略投资者风险研究——控制权租金引发的股权转移和效率损失 [J]. 财经研究，2005 (1)：104 – 114.

[90] 张博，宋成，刘家松. 外资参股、股权结构与中资银行风险承担——基于 61 家商业银行的实证分析 [J]. 宏观经济研究，2018 (6)：31 – 42.

[91] 张超，许岑. 营改增对银行业流转税税负的影响研究——基于 34 家上市商业银行财务报告数据的分析 [J]. 税务研究，2020 (4)：103 – 110.

[92] 张大永，张志伟. 竞争与效率——基于我国区域性商业银行地实证研究 [J]. 金融研究，2019 (4)：111 – 129.

[93] 张红军. 外资银行进入与监管研究——理论及基于中国市场的实证 [D]. 上海：上海交通大学，2008.

[94] 张金清，吴有红. 外资银行进入水平影响商业银行效率的“阈值效应”分析——来自中国商业银行的经验证据 [J]. 金融研究，2010 (6)：60 – 74.

[95] 张立兵. 银行业税负及经营发展研究——以上市国有大型商

业银行为例 [J]. 环渤海经济瞭望, 2021 (10): 60 - 62.

[96] 章上峰, 顾文涛. 超越对数生产函数的半参数变系数估计模型 [J]. 统计与信息论坛, 2011 (8): 18 - 23.

[97] 赵红, 赵雪言, 张翼. 境外战略投资者持股中资银行对我国商业银行效率的影响 [J]. 西安交通大学学报 (社会科学版), 2016 (3): 47 - 52.

[98] 赵亮. 外资参股对我国商业银行盈利效率的影响研究 [J]. 技术经济与管理研究, 2018 (1): 81 - 85.

[99] 郑磊, 汪旭晖. 金融业 FDI 对东道国经济增长的直接和间接机制——基于亚洲主要国家的实证分析 [J]. 宏观经济研究, 2015 (12): 137 - 152.

[100] 郑鸣, 冯凯. 外资银行进入与中国银行业绩效、市场集中度的变化 [J]. 金融论坛, 2007 (4): 18 - 21.

[101] 郑鸣, 张燕. 中国银行业效率的实证研究 [J]. 厦门大学学报 (哲学社会科学版), 2004 (6): 106 - 114.

[102] 郑少华. 外资进入方式对中国银行业市场绩效的影响 [D]. 北京: 中央财经大学, 2013.

[103] 郑少华, 闫浩, 肖春明. “营改增” 背景下的外资银行进入效应研究 [J]. 经济问题, 2022 (5): 47 - 53.

[104] 中国人民银行广州分行课题组, 李升高. 银行业 “营改增” 税负影响研究——基于 88 家商业银行数据测算 [J]. 财会月刊, 2016 (10): 10 - 15.

[105] 周慧君, 顾金宏. 外资银行渗透对中国银行业体系稳定性的影响——基于阶段理论与演化理论的实证研究 [J]. 国际金融研究, 2009 (12): 67 - 72.

[106] 周振, 张充. 金融业营改增、税收负担与经营绩效——基于沪深 A 股上市公司的经验数据分析 [J]. 华东经济管理, 2016 (9):

100－104.

［107］诸竹君，黄先海，王毅．外资进入与中国式创新双低困境破解［J］．经济研究，2020（5）：99－115.

［108］朱盈盈．中资银行引进境外战略投资者效果的实证研究［D］．成都：电子科技大学，2011.

［109］朱盈盈等．中资银行引进境外战略投资者：背景、争论及评述［J］．管理世界，2008（1）：22－37，56.

［110］Aghion，R.，Bechtold，S.，Cassar，L.，and Herz H. The Causal Effects of Competition on Innovation：Experimental Evidence［J］. NBER Working Papper，2014，No：19987.

［111］Benston，G. J.，Hanweck，G. A.，Humphrey，D. B.，Scale Economies in Banking：A Restructuring and Reassessment［J］. Journal of Money，Credit and Banking，1982（14）：435－456.

［112］Berger，A. N.，Hunter，W. C.，Timme，S. G.，The Efficiency of Financial Institutions：A Review and Preview of Research Past，Present，and Future［J］. Journal of Banking and Finance，1993（17）：221－249.

［113］Caves，R. E.，International corporations：The Industrial Economics of Foreign Investments［J］. Economica，1971（2）：1－27.

［114］Chenery，H. B.，Strout，A. M.，Foreign Assistance and Economic Development［J］. American Economic Review，1966，56（4）：912－916.

［115］Claessens，S.，Demirguc－Kunt，A.，Huizinga，H.，How does foreign entry affect domestic banking markets?［J］. Journal of Banking and Finance，2001，25（5）：891－911.

［116］Claessens，S.，Luc，Laeven，Financial development，property rights，and growth［J］. the Journal of Finance，2003，58（6）：2401－2436.

[117] Claeys, S., Hainz, C., Foreign Banks in Eastern Europe: Mode of Entry and Effects on BankInterest Rates [R]. Discussion paper for Governance and the Efficiency of Economic Systems, 2006, No. 95.

[118] Claeys, S., Hainz, C., Acquisition versus Greenfield: The impact of the mode of foreign bank entry on information and bank lending rates [R]. Sveriges Riksbank working paper, 2007, No. 6.

[119] Clark, J., Economic Cost, Scale Efficiency and Competitive Viability in Banking [J]. Journal ofMoneny, Credit, and Banking, 1996 (28): 342 - 364.

[120] Clarke, G. R., Cull, R., Shirley, M., Bank privatization in developing countries: A summary of lessons and findings [J]. Journal of Banking and Finance, 2005 (8): 1905 - 1930.

[121] Dages, B. G., Goldberg, L., Kinney, D., Foreign and domestic bank participation in emerging markets: lessons from Mexico and Argentina [J]. Economic Policy Review, 2000 (9): 17 - 36.

[122] Denizer, C., Foreign Entry In Turkey'S Banking Sector 1980 - 1997 [R]. World Bank Policy Research Working Paper, 2000, No. 2462.

[123] Detragiache, E., Tressel, T., Gupta, P., Foreign Banks in Poor Countries: Theory and Evidence [J]. The Journal of Finance 2008, 63 (5): 2123 - 2160.

[124] García - Meca, E., García - Sánchez, I., Martínez - Ferrero, J., Board Diversity and its Effects on Bank Performance: An International Analsis [J]. Journal of Banking & Finance, 2015 (1): 202 - 214.

[125] Goldberg, L. G., and Saunders, A., The determinants of foreign banking activity in the United States [J]. Journal of Banking and Finance, 1981 (5): 17 - 32.

[126] Goldberg, L. G., Kinney, D., Foreign and Domestic Bank

Participation in Emerging Markets: Lessons from Mexico and Argentina [J]. Economic Policy Review, 2006: 11 -35.

[127] Gormley, T. A., Costly Information, Entry, and Credit Access [EB/OL]. http: //ssrn. com/abstract = 896000. 2013, 9.

[128] Gormley, T. A., Banking Competition in Developing Countries: Does Foreign Bank Entry Improve Credit Access? [EB/OL]. https: //isb. edu/caf/htmls/11gormley. pdf, 2007, 2.

[129] Gray, J., and Gray, P., The multinational bank: a financial MNC [J]. Journal of Banking and Finance, 1981 (5): 33 -63.

[130] Havrylchyk, O., Jurzyk, E., Profitability of foreign and domestic banks in Central and Eastern Europe: Does the mode of entry matter? [R]. Working Papers, 2006.

[131] Jennifer, C., Dages, B. G., Goldberg, L., Does Foreign Ownership Contribute to Sounder Banks? The Latin American Experience [R]. Federal Reserve Bank of New York Research Paper Series - Staff Report, 2001, No. 137.

[132] Klein, M., A theory of the banking firm [J]. Journal of Money, Credit and Banking, 1971 (3): 205 -218.

[133] Kim, H. E., Lee, B. Y., The effects of foreign bank entry on the performance of private domestic banks in Korea [A]. Central bank papers submitted by Working Group Members, 2003.

[134] Leea, C., Hsiehb, M., Bank Reforms, Foreign Ownership and Financial Stability [J]. Journal of International Money and Finace, 2014 (2): 204 -224.

[135] Lehner, M., Schnitzer, M., Entry of Foreign Banks and their Impact on Host Countries [R]. Gobernace and the Efficiency of Economic Systems GESY Discussion Paper, 2006, 152.

[136] Lensink, R., Hermes, N., The Short - Term Effects of Foreign Bank Entry on Domestic Bank Behaviour: Does Economic Development Matter? [J]. Journal of Banking and Finance, 2003 (28): 553 - 568.

[137] Lu, Y., Tao, Z., Zhu, L., Identifying FDI Spillovers [J]. Journal of International Economics, 2017 (107): 75 - 90.

[138] Luo, Y., Tanna, S., De, V. G., Financial Openness, Risk and Bank Efficiency: Cross - Country Evidence [J]. Journal of Financial Stability, 2016 (24): 132 - 148.

[139] Malik, A., Thanh, N. M., Shan H. Effects of Ownership Structure on Bank Performance: Evidence from Vietnamese Banking Sector [J]. International Journal of Business Performance Management, 2016 (2): 184 - 197.

[140] Majnoni, G., Shankar, R., Varhegyi, E., The Dynamics of Foreign Bank Ownership: Evidence from Hungary [R]. World Bank Policy Research Working Paper, 2003. No. 3114.

[141] Mariassunta, G., Steven O., Direct and Indirect Effects of Foreign Banks in Emerging Markets [J]. Journal of International Economics, 2012 (86): 167 - 180.

[142] Miklaszewska, E., Mikolajczyk, K., Foreign Bank Entry and Bank Performance in Poland: Testing the Global Advantage Hypothesis [J]. Journal of Money, Investment and Banking, 2009 (10).

[143] Naaborg, I. J., Foreign Bank Entry and Performance with a Focus on Central and Eastern Europe [M]. Holland: Rijksuniversiteit Groningen, 2007.

[144] Sherman, H. D., Wilson, P. W., Bank Branch Operating Efficiency: Evalution with Data Envelopment Analysis [J]. Journal of Banking and Fincance, 1985 (2): 297 - 315.

[145] Stiebale, J., and Vencappa, D., Acquisitions, Markups, Efficiency, and Product Quality: Evidence from India [J]. Journal of International Economics, 2018 (112) 70 – 87.

[146] Sun, J., K. Harimaya, and Yamori, N., Regional Economic Development, Strategic Investors, and Efficiency of Chinese City Commercial Banks [J]. Journal of Banking and Finance, 2013. (5): 1602 – 1611.

[147] Tabak, B. M., Fazio, D. M., Cajueiro, D. O., Systemically Important Banks and Financial Stability: The Case of Latin America [J]. Journal of Banking and Finance, 2013 (10): 3855 – 3866.

[148] Tacneng, R., The impact of minority foreign ownership and controlling shareholder on bank risk and performance: Evidence from an emerging economy [J]. Managerial Finance, 2015 (5): 526 – 546.

[149] Tassel, E. V., Vishwasrao, S., Asymmetric Information and the Mode of Entry In Foreign Credit Markets [R]. Working paper, 2004, No. 8.

[150] Uiboupin, J., Effects of Foreign Banks Entry on Bank Performance in the CEE countries [EB/OL]. http://papers.ssrn.com/sol3/papers.cfm?abstract_id=679995, 2004, 11.

[151] Vo Thi, N., Vencappa, D., Does the Entry Mode of Foreign Banks Matter for Bank Efficiency? Evidence from the Czech Republic, Hungary, and Poland [R]. Working paper, 2008. No. 925.

[152] Williams, J., Nguyen, N., Financial liberalisation, crisis, and restructuring: A comparative study of bank performance and bank governance in South East Asia [J]. Journal of Banking and Finance, 2003 (8): 2119 – 2154.

